朝日新書
Asahi Shinsho 126

お金を知る技術 殖やす技術

「貯蓄から投資」にだまされるな

小宮一慶

朝日新聞出版

お金を知る技術　殖やす技術

目次

チャート作成　谷口　正孝

プロローグ　金融が分かれば幸せになれる

この本の目的は、皆さんが金融を活用して、これからの人生を豊かに暮らしていただくことにあります。そのためには、

1. 金融を知ること。つまり、経済や金融の簡単な仕組みとルールを知ること。
2. 預金や株式、投資信託、住宅ローンなどの金融商品の状況に応じた活用方法を知ること。

この二つが必要です。つまり、金融に対する「正しい」考え方を持っていただくことが何よりも大事です。

素人がプロと同じ条件で闘うのが金融市場

私の会社では毎年お客さまをお連れして海外視察ツアーを行なっていますが、数年前に、スイスのルガノを訪れたことがあります。

「ルガノ」と聞いてピンと来た人は相当な金融通です。世界でも有数の「プライベートバンク」が集まったところ、それがルガノだからです。プライベートバンクというのは、個

人の富裕層を顧客に持ち、その資産の運用や防衛を行う金融機関です。「スイスの銀行に資産を隠す」というような話を映画などで見聞きした方もおられると思いますが、あれです。

ミラノに住む昔からの私の友人のアレンジで、あるプライベートバンクが私たちの歓迎会をルガノの丘の上のホテルで催してくれました。100万ドル（約1億円）くらいから預かってくれるということでしたが、彼らにとっては金融資産を5000万ドル（約50億円）以上預けてくれるのが上得意客であることを私は知っていました。私がお連れした中堅中小企業のオーナー経営者たちも興味本意ではありましたが、プライベートバンク側の説明やパーティーを楽しんでくれたようです（その後、私のお客さまがそのプライベートバンクに口座を開いたかどうかは知りません）。

米国や欧州には、富裕層を相手にした、このようなプライベートバンクや投資顧問会社が数多くあります。プライベートバンクに限らず、機関投資家などのプロの世界の運用では、「アクティブ」、「パッシブ」といった基本的なものから、「コア・サテライト・ポートフォリオ」、「デザイナー・インデックス」、「130／30」、「オールキャップ」、「ポータブルα」、「オルタナティブ」……といった、借入れやデリバティブ、空売り、商品先物などさまざまな手法を組み合わせた複雑な投資が盛んに行なわれています（これらの言葉を十分に理解する必要は、まったくありません。私でさえよく分からないものもあります）。マネーのプロたちが、複雑な手法を駆使しながら毎日3兆ドル（約300兆円）といわれる巨額のマネーを動かしている――それが国際金融市場の姿です。

「金融」というのは面白い世界です。というのも、プロも素人も同じ土俵で運用や調達を行なうからです。

米国では30世帯に1軒、日本でも50世帯に1軒くらいは、金融資産が1億円を超える富裕層だといわれています。また、その中でもさらに約10分の1は、金融資産が5億円を超える超富裕層です。何億円もの金融資産をお持ちの方は、先ほどご紹介したプライベートバンクなどマネーのプロを活用することが可能で、そうすることによってプロと対等に「闘う」こともできます。

しかし、残りの大多数の方は、そうはいきません。プロがうごめく中、自分の判断で自分の財産を運用、調達していかなければなりません。

プロの中には、素人を「だます」ことで儲けたり、そこまでひどくなくとも、お客さまの儲けより自分たちの手数料を稼ぐことを主眼に、「とにかく取引をさせよう」と盛んに勧誘を行なう人たちが、少なからずいることも残念ながら事実です。皆さんは、そうした欲望渦巻く金融市場で、ご自身の財産を殖やしていかなければならないのです。

2008年3月末で、確定拠出型年金（401k）を導入した企業が1万社を超えました。企業年金も自分の責任で運用する時代です。もちろん個人の財産も、です。

「金融」が扱う分野は幅広い

そもそも、皆さんが相手をしなければならない「金融」とは何でしょうか。

「金融」と聞くと、何を連想されますか？

いくつかの金融商品でしょうか。預金、株式、投資信託……などです。それらの商品で運用している方も少なくないでしょう。

また、借り手側として個人なら住宅ローン、企業経営者や会社の財務担当者なら銀行借入れなどの資金調達を考えるかもしれませんね。

一方、マクロ経済に興味のある方なら、金利やマネーサプライなどの専門的なことから、サブプライム問題、あるいは日本銀行の金融調整のような金融システム全体のことを思い浮かべる方もいらっしゃると思います。

投資ファンドや金融先物、外為取引やオイルマネーなど、投資や投機のことを連想なさる方もいるでしょう。さらには、企業の合併・買収（M&A）や「ハゲタカ」ファンド、このところ存在感を増している「政府系」ファンド（国富ファンド）など世界規模でお金を動かしている組織や、はたまた少し古くなりますが、ライブドアや村上ファンドなどの証券取引法違反事件を思い出される方がいるかもしれません。

このように、「金融」と呼ばれるものは、身近な預金や住宅ローンからサブプライム問題、金融システムといった社会インフラに至るまで、対象が広範囲に及びます。

自分に合った金融商品を選ぶ方法

今見たように、金融はただ単に金融商品だけを指すのではありません。それはほんの一部、氷山の一角にすぎず、その背後には金融システムや、さらには世界的な経済の動きがあり、それらが複雑に絡み合っているのが金融なのです。

サブプライム問題で米国の金利が下がり米ドルが売られ、日本の株も下がる。関連して預金金利や住宅ローンの金利が低めに推移する。一方、世界的な金余りも手伝って金、原油価格が高騰する……。経済、金融の動きが金融商品に大きな影響を与えています。

読者の皆さんの興味は、金融商品を使って豊かな生活を送りたい、年齢によっては豊かな老後を送りたいという点に集中しているのかもしれませんが、経済の流れやその仕組みをあらかた知っていなければ、金融に翻弄されることになりかねません。何しろサブプライム問題や日本のバブル崩壊で分かるように、世界有数の大銀行でさえ大損害を受けるのが金融の世界です。そう、プロでさえいとも簡単にやられてしまうことがあるのです。ましてや素人が、表面的な知識だけで太刀打ちできるものではありません。

こう言ってしまうと、もう大多数の方はどうしようもないように思われるかもしれませんが、しかし、ある程度の知識があれば、プロでなくとも自分の身を守りながら資産を殖やすことはできます。そのためにこそ、ベースとなる金融知識を持ち、経済、そして世の中の常識を知ることが大切なのです。

私が知っている限り、金融商品の知識を少し持っている方は大勢いますが、その根底に流れる金融のベーシックな知識をご存知の方はほとんどいません。これでは表面的な現象だけを見て、その本質を知らないのと同じです。「ベーシックな知識」というのは、預金から外貨預金、投資信託、外国為替証拠金取引（FX）に至るまで、商品内容やそれぞれが持つリスクはもちろんのこと、それらの商品の価格や金利が基本的にどういうメカニズムで変動するかといったことまで含みます。

金融商品の特性を知ることも、もちろん大切です。しかし、それだけでは不十分です。**その底流にある金融の仕組みを知ることが、皆さんが金融商品を使いこなして、より豊かに暮らすために、ぜひとも必要な「技術」なのです。**

ライフステージ、価値観を大切に

また本書では、ときどき読者の皆さんに、ご自身のライフステージやライフスタイル、もっと突っ込んでご自身の価値観についての質問をすることがあります。もちろん、本ですから、そのときは自分で考えていただくだけで結構です。

「貯蓄から投資へ」という言葉をこの頃よく聞くようになりましたが、そのような言葉に単純にだまされてはいけません。自分の価値観やライフステージに合った金融や金融商品を、正しく選んで付き合ってください。

誤解されると困るのですが、私は投資を否定しているのではありません。貯蓄だけでなく投資を活用することにより、より豊かに暮らせるようになる場合も少なくないと思います。ただし、それは、金融や経済を知り、自身の価値観やライフスタイルをしっかり把握している人だけが得られる特典だと思うのです。

いずれにせよ本書では、経済、金融の大きな流れを説明しながら、預金、株式、投資信託、住宅ローンなどの金融商品を、ご自身のライフステージや資産状況および経済状況に応じてどのように活用すればよいかを説明していきます。また、金融商品の価格や金利などを変動させる経済や金融の仕組みについても、できるだけ分かりやすく説明し、本質に迫るように努めます。

私と金融との関わり

私は、ビジネスマンとしての人生の大半を金融と関わって過ごしてきました。ご縁あって入った東京銀行（現・三菱東京UFJ銀行）では、預金、債券に始まり、外国為替、企業顧客相手の為替ディーラー、M&Aなどの仕事をさせてもらいました。日本で唯一の外国為替専門銀行でしたから、国際金融の第一線で仕事をすることができました。2年間の米国のビジネススクールへの留学で、ビジネスや経済の基本を勉強させてもらったのも東銀時代です。

その後、1991年に退職して岡本アソシエイツ（元首相補佐官・岡本行夫さんの事務所）に移り、日本福祉サービス（現セントケア・ホールディング）を経て、小宮コンサルタンツ（http://www.komcon.co.jp）を96年に設立し、早いもので12年以上が経ちました。その間、顧客企業に経営のアドバイスをする中で、ファイナンス面のアドバイスも多く行なってきました。資金繰りがギリギリの状況になった企業のケアをしたことがありますし、残念な話ですが倒産の瞬間に立ち会ったこともあります。

一方、今でも役員をさせてもらっているセントケア・ホールディングがジャスダックに上場したり、立ち上げ直後から役員をしているリアルコムも東証マザーズに上場を果たしたりするなど、成長企業のダイナミズムや上場という出来事も間近で経験させてもらいました。

ここ5年間ほどは、東銀時代からの親友、川村治夫さん（元ゴールドマンサックス・マネジングディレクター）が立ち上げた、「キャス・キャピタル」という企業への投資ファンド（敵対的買収はしません）に、設立時から非常勤の取締役・パートナーとして関わっています。このファンドは4社への投資をすでに行ない、今後もこれまで以上の投資を行なう予定です（http://www.cascapital.com）。川村さんには小宮コンサルタンツの非常勤の取締役もしていただいていて、投資や買収について多くを学ばせてもらっています。

私は50歳になりましたが、キャリアの大半を金融との関わりが占めています。その中で私が知ったことや感じたことを、この本の中で説明できればと思っています。

金融は人を幸せにする道具……この本を角淳一さんに読んでほしい

この本をぜひ読んでいただきたい方の一人に角淳《すみ》一さんがいらっしゃいます。関西では角さんを知らない方は少ないと思いますが、毎日放送の情報番組「ちちんぷいぷい」の総合司会者です。

この番組は月曜から金曜日までの毎日、お昼の2時から6時近くまで3時間50分という長時間の生放送をしています。この時間帯は30％くらいの家でしかテレビがついていないらしいのですが、8％前後の視聴率を毎日取っていて（ということは、テレビをつけている家の4軒に1軒はこの番組を見ている）、しかもそれをもう10年も続けているという驚異的番組です。そのメインキャスターが角さんなのです。

ニュース、生活情報から芸能情報と幅広く扱っていて、私も約2年前から、月に1、2度コメンテーターとして出演させてもらっていますが、とにかく楽しい。私の気分転換にも大いに役立っていて、すごく良い番組なのです。

しかし、私にはこの「ちちんぷいぷい」で気がかりなことが一つあります。角さんが金融をあまり好きではないのです。そしてそのことで、金融出身の私を「いじる」のです。角さんは優しい方なので、いじられる私も結構それを楽しんでいますが、私が心配なのは、角さんと同様に、ひょっとしたら多くの方が金融というものを誤解されているのではないかということです。

スティール・パートナーズなど外資ファンドによる日本企業への「脅し」ともとれる乗っ取り劇や、村上ファンド、ライブドア事件など金融に関わるニュースや事件を見ていると、「金融憎し」と思われる方が出るのも無理のないことです。

また、「他人のふんどしで相撲を取る」とよく揶揄《やゆ》される銀行や、インサイダー取引や飛ばしなどの不正取引が起こる証券会社などに勤めている人が、高額な給与を得ていたり、外資系金融機関などで30歳前後の社員が「億単位」の給与を得ていたりする話を聞くと、あまり良い気分がしない方が多いことも事実です。

しかし、本来、金融は悪でも善でもありません。ニュートラル（中立）なものです。金融は、人を幸せに、豊かにするための道具に過ぎないのです。

「経済・金融の仕組み」「金融商品」「自身の価値観」の三位一体

繰り返しますが、金融は人を幸せにするための道具に過ぎません。私たちは、その道具をうまく使って「幸せ」を増進させればいいのです。しかし、そのためには金融商品の知識だけでなく、経済や金融のベーシックな知識、さらに自分自身の価値観をしっかり把握することが必要になります。

経済・金融の仕組みを理解すること、金融商品を知ること、そして価値観の把握、これらは三位一体のものであると考えてください。

本書を通じて、それらを私なりに分析していきますから、皆さんは自分が「正しい」と考えられる金融や金融商品との付き合い方を探し出してください。

少し長いプロローグになりましたが、角さんをはじめ多くの方に金融を正確に理解していただき、それぞれの方が金融を「道具」としてうまく「使って」より豊かな生活を送っていただけるようになれば、私にとってこれ以上うれしいことはありません。

預金、株式、投資信託、金《きん》といったそれぞれの金融商品を説明しながら、その根底を流れる経済や金融システムの基本を理解していただくという方法で話を進めていきますが、その前に「第一部」で金融や金融商品に対する基本的な考え方について説明します。まず金融の全体像を「知る」ことが第一だと思うからです。

第一部
お金を知る技術

第1章　経済の大きな流れをつかむ

基礎的知識を持たないと大けがのもと

「経済・金融の知識」、「金融商品の知識」、「自身の価値観」、この三つをきちんと持つことが金融をうまく使って皆さんが豊かになるために必要なものだと私は思っています。

投資と預金のどちらを選べばよいのか、住宅ローンを借りるべきかどうかというような判断をする際に、この三つは必要不可欠なものです。

この本の全体を読むことで、この三つは自然と身についていきますが、まず第一部では「経済・金融の基礎知識」をざっと説明し、皆さんの価値観を確認しながら、お金にはその性格上、「守るお金」と「攻めるお金」の2種類があることを認識し、その区別の判断ができるようになっていただこうと思います。

まず、経済の流れについて、皆さんにいくつかの質問をします（この時点で分からなくてもかまいませんが、分からない場合はゆっくり読んで感覚をつかむようにしてください）。

【質問1】このところ金《きん》の値段が上がりましたが、なぜか分かりますか？　少し考えてみて、自分なりに理論的に説明してください。

もし、理由も分からずに、ただ「値段が上がっているから」と金を買うのなら、それは危険です。

答えは、①米国や欧州でのインフレ懸念と、②米ドル安、が主な原因です。また、③オイルマネーをはじめとした投機資金の流入、も考えられます。

もう少し、詳しく説明しますね。

①インフレ時には、土地や金などの「実物資産」が上昇します。インフレとは、お金の価値が落ちることだからです。

②さらに、金は「1（トロイ）オンスあたり900ドル」というふうに米ドル建てで表示されます。ですから、米ドルがほかの通貨に比べて相対的に安くなると、ドルで換算した場合の金の価格は自然に上昇します（ちょっと難しいですか？　ドルが安くなると「円」が相対的に高くなるのと同じです。「ドル安」＝「円高」と同じで、「ドル安」＝「金高」です）。

【質問2】一方、その米ドルが2008年の初めに円に対して急激に安く（ドル安、円高）なり、その前は1米ドル＝120円前後だったのが、一時は95円程度まで円高になったのはなぜか分かりますか？

答えは、米国の金利が下がったからです。一般的には、金利の高い通貨が買われる傾向にあります。ところがサブプライム問題の影響で、5・25％あった米国の政策金利は短期間に一気に2％にまで引き下げられました。それがドル安（円高）を呼んだのです。

一時は円の低金利を利用して、大量の「円キャリー」取引が行なわれていたころと様変わりです。

円キャリー取引とは、まず、①低金利の円を借りて、②その円を即座に売ってドルを買い、③高金利の米ドルで運用する、という取引の総称です（借りた円金利より高い米ドル金利で運用するので、金利差分が儲けになります）。多いときは数十兆円規模の残高がありました。円安の間は、すごく儲かったはずです。

なぜ、円安で儲かるか分かりますか？

円安になったぶん買ったドルの価値が上がるからです。1米ドル＝100円で買ったものが、売るときに5円分ドル高（＝円安）の105円になれば、1ドルあたり5円の儲けが生じますね。金利差で儲かる上に、為替でも儲かる。ダブルで儲かるのです。このようなうまみのある取引をプロが見過ごすはずはありません。

いきなり「円キャリー取引」という言葉が出てきて、難しかったですか？　しかし、皆さんがお金を殖やそうとする金融市場では、このような取引が日常茶飯事です。プロローグでも触れたように、金融市場ではプロとアマが入り交じって活動しますから、市場を理解することが絶対に必要です。初心者の方には少し難しかったかもしれませんが、ゆっくりついてきてください。

為替レートは短期的には各国通貨の金利差で変動しやすいですが、もちろんそれだけで動くわけではありません。これも、為替レートがどういうときに動くのかということを知らなければ、外貨預金や外貨建て投資信託を買っても、運を天に任せているようなものです。危なっかしいですね。

もう一問、為替の問題を出しましょう。

【質問3】08年7月現在、米国も日本もインフレ率が預金などの表面金利を上回っています。ユーロ圏では、インフレ率が金利を下回っています。どの通貨が短期的には高くなりそうですか？

米国や日本はこの時期、景気下振れ懸念が強く、金利を十分に上げられませんでした。国債の表面金利よりインフレ率が高いということは、円や米ドルで運用していてはお金の価値が目減りしてしまうことを意味します。となると、インフレ率以上の確定利回りで運用できるユーロにお金がシフトするのが自然な流れです。したがって今の金利動向が続けば、米ドル、円はユーロに対して安くなりがちだという結論になります。

最初にしては難しかったですか？　いずれにしても、経済や金融の基本を知って、自分なりの仮説を立てられるようになることが重要です。今の時点ではもちろん分からなくて大丈夫ですが、この本を読み進めながら、為替レートがどのようにして決まるのか、金利はどういうときに上がるのか下がるのか、そもそも金利とは何か、などの基礎的な経済や金融の仕組みを勉強してください。

基礎的な経済や金融の知識なしに、金融商品をその特性だけを知って選ぶのは危険です。

大ケガのもとです（知っていても損をすることが少なくありません）。

金融システムの脆弱さを露呈したサブプライム問題

サブプライムの問題にも少しだけ、ここで触れておきましょう。金融市場、世界経済を理解する格好のケーススタディです。

2007年8月に米国でサブプライムの問題が発生したことは、皆さんよくご存知でしょう。盤石と思われた米国金融システムが、実は非常に脆弱《ぜいじゃく》であることが一気に露呈されました（日本ではサブプライム「問題」と言っていますが、CNNなどを見ていると、欧米では「クライシス」——すなわちサブプライム「危機」と呼んでいました）。

サブプライムローンは、低所得者向けの住宅ローンです。そのローン債権を数億円、数十億円単位、場合によってはそれ以上の単位でまとめたり、他のローン債権と組み合わせて「証券化」したりした金融商品を、世界中の多くの金融機関が買っていたのです。

もともとリスクの高いサブプライムローンでも、うまく束ねて販売する「証券化」という手法がリスクを分散すると考えられていたのですが、そんなことは長続きしなかったのです。

そして、金融当局者以外の多くの人は気づいていませんが、今回の危機でも米国金融システムが動揺することで、日本のバブル崩壊時のように経済が「底割れ」する危険性があったのです。もしそうなっていたら大変なことでした。

今回のサブプライム問題での教訓は、金融システムや理論は完全ではないということです。今後も、今回のサブプライムのような問題や日本のバブル崩壊のようなことが起こるでしょう。そして、そのたびに、大きな損害を被る投資家が現れます。

皆さんも、金融システムがいつの時代も完全でないことを理解し、そのことを前提とした上で、資産運用や借入れを行なってください。後で詳しく説明しますが、資産の分散、地域の分散などでリスクをヘッジ（回避）しておくことが基本です。

（金融にあまり良い印象をお持ちでない方の中には、銀行や証券会社が破綻すると、何かスカッとした気分になられる方がいらっしゃるかもしれませんが、金融機関の破綻、特に銀行の破綻は預金者にも大きなリスクをもたらします。また、同時に信用収縮を通して実体経済に非常に大きな影響を与えます。

ですから金融危機に陥った場合には、「公的資金」を投入してでも金融システムの底割れを防ぐ必要があるのですが、なかなかこれが理解されません。日本でのバブル崩壊後の住専問題（住宅金融専門会社の破綻）や金融危機のときも、「個別の銀行を救うのではなく、金融システムを救う」という議論がよくなされましたが、一般の人には分かりにくかったようです）

経済を見る目を養い常識を働かせる

サブプライム問題は私たちに大きな教訓を与えてくれました。それは、**「常識」を外れたことは長続きしない**ということです。

返済能力の乏しい人にローンを出して、それが約束通り返ってくると思うこと自体が常識を外れていますし、そのサブプライムローンを「束ねて」、さらにそれを「束ね直し」をするなどの「証券化」をすれば、リスクが分散されてデフォルト（債務不履行）リスクがほぼゼロになる（最上級であるＡＡＡ（トリプルＡ）の格付けが付く）なんて、普通に考えればおかしいですよね。

でも、格付け会社や世界一流の金融機関、はたまた権威あるマスコミが、こぞって、さもうまくいくように扱えば、多くの人は「信じて」しまいます。時に常識外れのことが金融の世界では常識になってしまうことを、今回のサブプライムのケースや日本のバブルは教えてくれました。

案の定、日本のバブルが崩壊したように、米国の住宅バブルもはじけようとしています。米国の住宅バブルは、住宅を買えない人に住宅を売り、それにより住宅価格が上昇するという「マッチポンプ」でした。日本の土地、株バブルもそういうところがありました。実体経済の裏付けもなく、「買うから上がる、上がるから買う」という状態は長続きしません。**「常識」という目を持ち、常識で判断することが重要です。**

でも、言うのは簡単ですが、実際は難しいものです。かなりの良識や経験のある人でも、バブルには惑わされてしまいます。それどころか、他の人が利益を上げているのを目の当たりにすると、それに乗りたいという誘惑に駆られてしまいます。また、それを煽って儲けようとする金融機関なども現れます。バブルの当事者や当事国よりも、第三者のほうが正確に状況を見ているという研究もあります。岡目《おかめ》八目《はちもく》ですね。

常識を持つには、長期間にわたって世の中や経済を「客観的」に見ることが必要です。そのためには、新聞やテレビの経済番組などから常に情報を得ていることが大切です（ただし、信用できる記事や人から情報を得ることが大切ですね。私は、証券会社の人のコメントは適当にしか聞いていません。所詮《しょせん》、株を買わせるための話ですから）。

要は、自分の目を高めることです。これは継続的に経済や金融を見ていくしか能力を高める方法はありません。

サブプライム問題が世界経済に与える影響

もう一度、経済の話に戻りましょう。

サブプライムの問題は世界の金融市場だけでなく、世界の景気にも大きな影響が出るおそれがあると私は考えています。米国の国内総生産（ＧＤＰ）は約14兆ドル（約１４００兆円）で、世界全体のＧＤＰ約54兆ドルの約４分の1を占めています。そして、その米ＧＤＰの７割を支えているのが、住宅価格上昇に支えられていた個人消費です。

また米国は、毎年約８０００億ドル（約80兆円）の貿易「赤字」国でもあります。日本は約１０００億ドル、中国は約２６００億ドルの貿易「黒字」国です。いかに米国の貿易赤字が大きいかが分かりますね。言い方を変えれば、米国は日本や中国の貿易黒字を丸ごと飲み込んでいるともいえます。これは、米国の旺盛な個人消費による部分が大きいのです。

ここで再び問題です。

【質問4】米国の個人消費が減れば、日本経済は減速しますが、それは円に対してドル安に働くでしょうか、それともドル高に働くでしょうか？

これは結構難しい問題です。ご自身で理論立てをして説明できますか？

米国の個人消費が減少すれば貿易赤字は減少しますが、これは裏を返せば日本や中国の貿易黒字が減少することを意味します。これはドル高要因です。なぜだか理解できますか？　米国がモノを輸入するとドルの支払いが起こります。すると次に、そのドルを輸出国企業が自国通貨に換えるために売却する、つまりドル売りが発生します。このため、米国がモノを輸入するとドル安要因となります。この場合はその逆、貿易赤字が減って、その結果、輸出国企業の実需のドル売りが減るので、ドル高要因になるわけです。

さらに、このことによって日本や中国の輸出が減るため、両国の景気は悪くなります。これも円安、つまりドル高要因になります。米国の対中国の赤字額は日本の倍以上あります。米国経済の減速が、日本や中国に大きな影響を与えることは明らかです。

しかし、もう一つ難しい読みがあります。確かに米国の貿易赤字が減少することはドル

現実の経済は、複数の要素が複雑に絡み合って動く

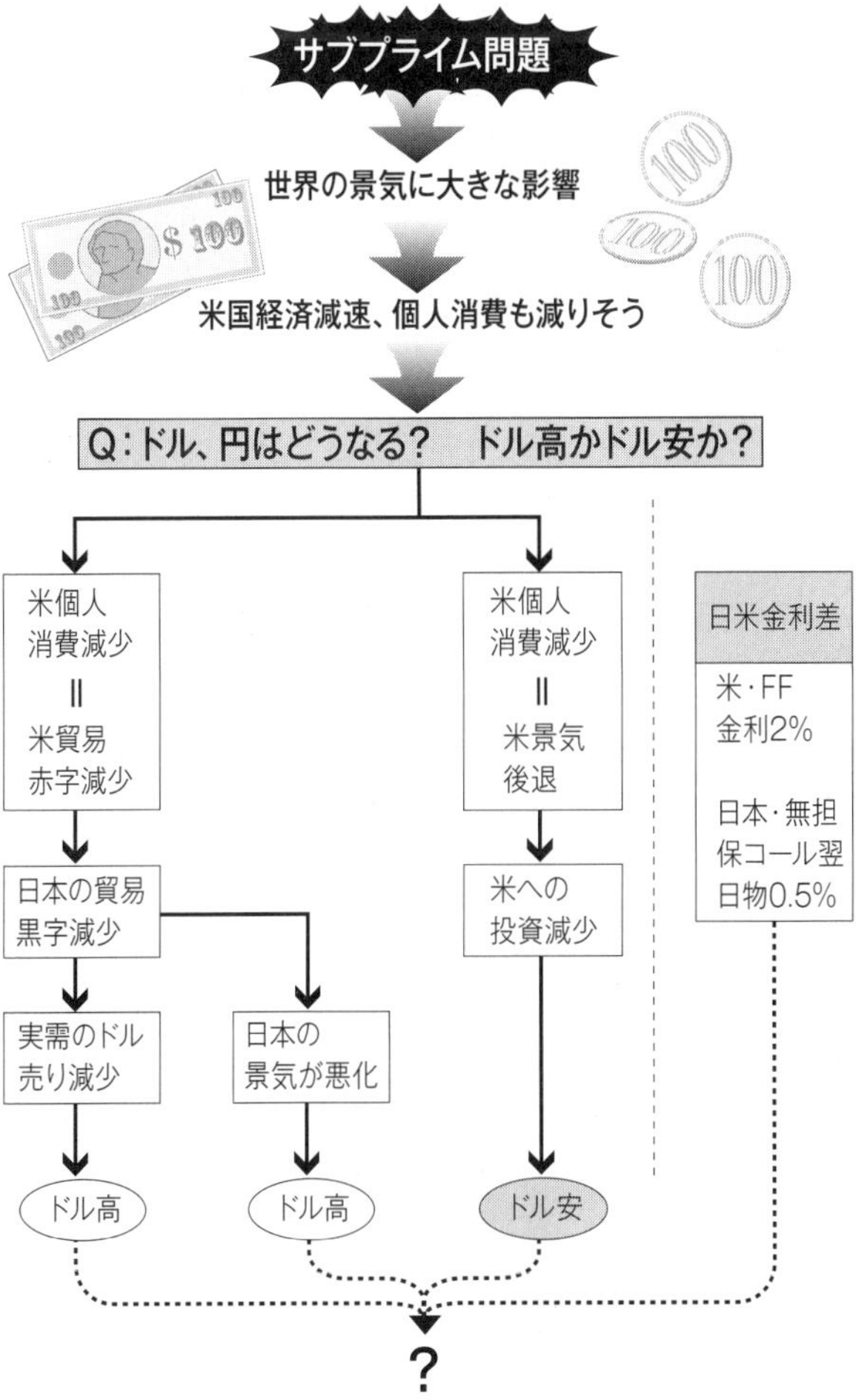

安を和らげる働きがありますが、一方、米国の景気後退はドル安を促しがちです。米国への投資が減少し、米国株を買う投資家も減少します。これはドル安要因です。

さらに、先ほども「円キャリー取引」のところで出てきた金利差要因もあります。インフレ懸念が日本より強い米国では金利を高めに誘導したいところですが、今のところは景気後退懸念もあり金利を上げにくい状態です。金利差はあるが、以前ほどではないのです。

為替レートは、これらのいくつかの要素に、投機筋の思惑などが複雑に絡み合って決まります。

為替に限らず、株価や金利も、あるきっかけで大きく動くことがよくあります。初心者のうちは分散投資が必要ですが、どのような金融商品に分散するか、それも国内、海外にどれぐらいの割合で分散するか、また、海外でもどの地域に分散するか、などの判断が大切です。

資産の「リバランス」にはご用心

皆さんが金融機関の人たちと話すときにも、経済の知識は欠かせません。

「リバランス」という言葉を聞いたことがありますか。聞き慣れない言葉かもしれませんが、これは皆さんがお持ちの金融資産の配分を変えることです。資産全体に占める株式の割合が増え過ぎたので、いくらかを預金に回そう、といった具合に資産の「バランス」を変える、それで「リバランス」です。

一般的に金融機関に資産運用を相談すると、リバランスを「定期的」に行なうように勧められることが多いのですが、この「定期的に」が実は曲者です。特に投資信託を買っていて、年に一度、リバランスなどをしようものなら、販売手数料を毎年取られていつまで経っても元本が増えない、などということになりかねません。

第二部で詳しく話しますが、投資信託の運用会社や販売会社は手数料で儲けているのです。売買手数料が必要な株式も同じです。手数料が欲しいからこそ、証券会社を筆頭に、できるだけ取引させようとするのです。

ですから、そんな甘い言葉にだまされてはいけません。リバランスを頻繁に行なっていると、運用成績が格段に悪くなります。この低金利のときに、毎年1％以上の販売手数料を取られるとしたらどうでしょう。皆さんの運用成績に大きく影響することは、一目瞭然ですよね。

金融商品の配分の見直し(リバランス)のポイント

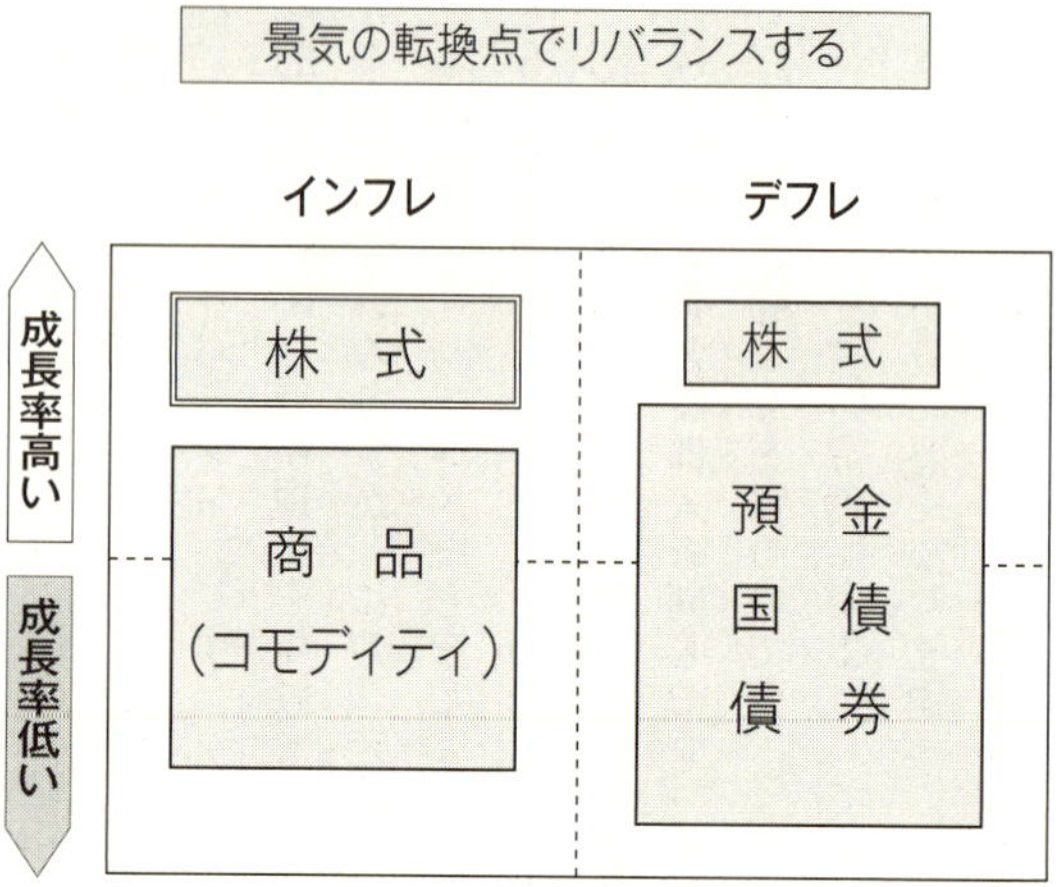

＊株式、商品にはそれらを中心に運用する投資信託を含む
＊株式にはインデックス投信(株価指数と連動)を含む

リバランスは、景気の変わり目に行なうのが正解です。簡単に図に示しましたが、「デフレ⇕インフレ」、「景気拡大⇕景気後退」などの兆候が現れたときに、金融商品のバランスを変えるのです。この本を読み進めていただくと分かりますが、景気やインフレ動向によって、適切な金融商品が違うからです。

どうですか。リバランス一つとっても、景気・金融、そして金融商品の正確な知識が必要であることが分かっていただけたでしょうか。

「市場は右も左もわからぬものを許さない」

ここまでサブプライム問題や「リバランス」を例に挙げ、金融や経済のメカニズムを知ることが大切であることを説明しました。どうか皆さんも、経済、金融の動きに対して自分なりの「仮説」を持ち、それから現実の経済や金融の動きを見つめてください。そうすることで、世の中の動きや自身の金融資産などに対する見え方が違ってくるはずです。

一般的には、短期的には高金利通貨が買われやすく、また、ファンダメンタルズ（経済的な基礎力）の強い国の通貨や株式が買われやすいといえます。また、金利についてはインフレ率の高い国の金利が高くなります。

これらのことについては第2部でもう少し詳しく説明します。この本を読み進めながら、徐々に経済と金融、そして金融商品との関係を理解していってください。

テクニック 1

新聞やテレビの経済ニュースに関心を持ちましょう。皆さんが持っている金融商品は経済の動きに大きく影響を受けます。そして、常識と自分なりの仮説を持ちましょう。そうしないと、情報に振り回されるだけで終わってしまいます。世界一の投資家ウォーレン・バフェットは、こう言っています。「天と同じく、市場はみずから助くるものを助く。しかし、天と違って、市場は右も左もわからぬものを許さない」(『バフェットの教訓』徳間書店)。

(この本では、皆さんがお金を知るために必要な勉強方法や良書などを「テクニック」として紹介しています)

この章のポイント

・お金を殖やすためには、経済・金融の基本的知識を身につけることが必要。
・経済を見る目を養うこと。「常識」で判断する癖をつける。
・自分なりの「仮説」を立てて、経済・金融の動きを見つめよう。

第2章　「攻めるお金」と「守るお金」

ライフステージと価値観に応じた金融との付き合い方

ここからは、金融商品との付き合い方の導入部分をお話しします。この章では、ある程度の感覚をつかんでいただければと思います。詳細は第二部でお話ししますが、その中でもところどころで金融システムや経済の話を織り込んでいきます。「金融商品⇕金融・経済」を一体で考えていただきたいからです。

まず、皆さんの金融資産とライフステージや価値観との関係をお話ししましょう。

大切なことは、「人によって最適な「ポートフォリオ（金融資産の組合せ）」は違う」ということです。

Aさんには正しい金融商品も、Bさんには正しくない場合があるのです。同じ100万円でも、Aさんは銀行に預金すべきだが、Bさんは株式や投資信託を買ったほうがよい場合があります。年齢や家族構成といったライフステージ、その時々の収入や必要資金などの状況が人によって違うからで、さらにそれぞれの価値観の問題も絡んでくるからです。

まず、ライフステージから考えましょう。ライフステージとは年齢や家族構成です。5年後にお子さんを大学に入れるための資金や、近い将来住宅を買うための頭金にする資金では、リスクを伴った運用をするのは危険です。海外旅行に行くための資金なら、少しの損なら「国内旅行で我慢してくれ」と言えるかもしれませんが、「株で損したから、大学を諦めてくれ」と子供に言う人はいないでしょう（いたら大変です）。

家を買うための資金をＦＸ（外国為替証拠金取引）で運用し、一晩で１２００万円損した主婦の噂を聞きましたが、ご主人がよほど理解のある人でなければ、家庭崩壊の憂き目に遭っているかもしれません。

ここで取り上げているお金は、「守るお金」です。**「守るお金」とは、ある一定の生活水準やライフスタイルを現在から将来にわたって維持するためのお金です。守るお金は、ほぼ確定利回りで元金があらかた保証されているもので運用するのが鉄則です。**

もし1円たりとも目減りさせたくないのなら、預金がベストです。投資信託の中には、預金より高い利回りを狙える商品もありますが、損をするリスクはゼロではありません。「守るお金」を投入するのなら、リスクの小さい（つまり、損をする金額が小さい）商品を選ばなければなりません。

しかし、余裕資金については別です。この場合の**「余裕」とは、資金的余裕のみならず時間的余裕も含みます。**まだ若くて、ライフステージにおいて資金が本当に必要になるときまで時間が「かなり」あるのなら、リスクを取ることもできます（どの程度の期間が「かなり」なのかは86ページで説明します）。

資金的余裕あるいは時間的余裕があるお金は、リスクはあるが確定利回り商品より高い利回りが期待できる、株式や投資信託（円建て、外貨建て）、ＲＥＩＴ（不動産投資信託）、外貨預金、コモディティ（商品）などで運用すればよい。これは「攻めるお金」です。

一方、住宅ローンで家を買うべきか、借入れをして事業を始めるかどうか、といった資金を調達するときにも、さまざまな要素を考慮に入れなければなりません。どのタイミングでいくら借りるか、あるいは借りないほうがよいのかといったことは、自分がどのライフステージにいて、その時々の経済情勢がどうなっているかで違ってきます。

「守るお金」と「攻めるお金」、運用はこんなに違う

それでは、まず運用から見ていきましょう。すでに述べたように、ライフステージやその時の資産内容によって、どう運用していけばいいかは大きく違います。「守るお金」と「攻めるお金」で、場合分けをして考えてみましょう。

(1) 「守るお金」の典型的運用法

現役世代でも、リタイアしている方でも、資金を必要とするまでに時間的に余裕がない、あるいは資金的にもぎりぎりという方は、預金などの確定利回り商品、つまり、安全資産の比率を高めたほうがよいでしょう。資金がすべて「守るお金」だからです。特に、近い将来の子供の進学、家の購入、また、リタイア時期が比較的近く、老後資金として元本の取り崩しを前提としている方は、取り崩しをする予定の部分に関しては価格変動の小さい商品で運用しておくのが無難といえます。元本が減ってしまえば、その後の生活に大きな影響を与えるからです。

「守るお金」については、価格変動の小さな商品を主体に運用するべきです（ただし引退が近い方などで、元本取り崩しを考えなくていい、それよりも配当や利子でキャッシュフロー（現金収入）を良くしようと考えている方は、次の(2)－2を参考にしてください）。

(2)－1 「攻めるお金」の運用法

一方、長期的に資産を形成する目的で運用している場合で、資金が必要となるまで時間的に見て余裕のある人、あるいは、リタイア後で資金的にゆとりのある方の場合には、余裕資産（「攻めるお金」）に関しては相場が下がった時期に株式や投資信託などの商品を購入すると資産を殖やせる可能性が高くなります。

株式などに投資すると資産の価格変動リスクがかなりありますが、「長期的」には高利回りを狙える可能性もあり、仮に一時期、損を抱えても、時間的余裕のある方の場合には、失敗した分を取り戻す機会もあります。「攻めるお金」というのは、少々元本に変動があっても、それを許容できるお金を指します（どういう会社に投資すればいいかは、第10章をご覧ください）。

また、分散投資をするために、株価と相関の小さい「コモディティ（商品）」を一部、組み込むことも可能です。

(2)－2

「攻めるお金」でも、性格上、リスクを取るのは苦手という方や、給与や年金に上乗せする形で配当や利子をもらって少し優雅に暮らしたいなどと考えている人には、キャッシュフロー（現金収入）を生む資産での運用がお薦めです。

「守るお金」と「攻めるお金」の運用法

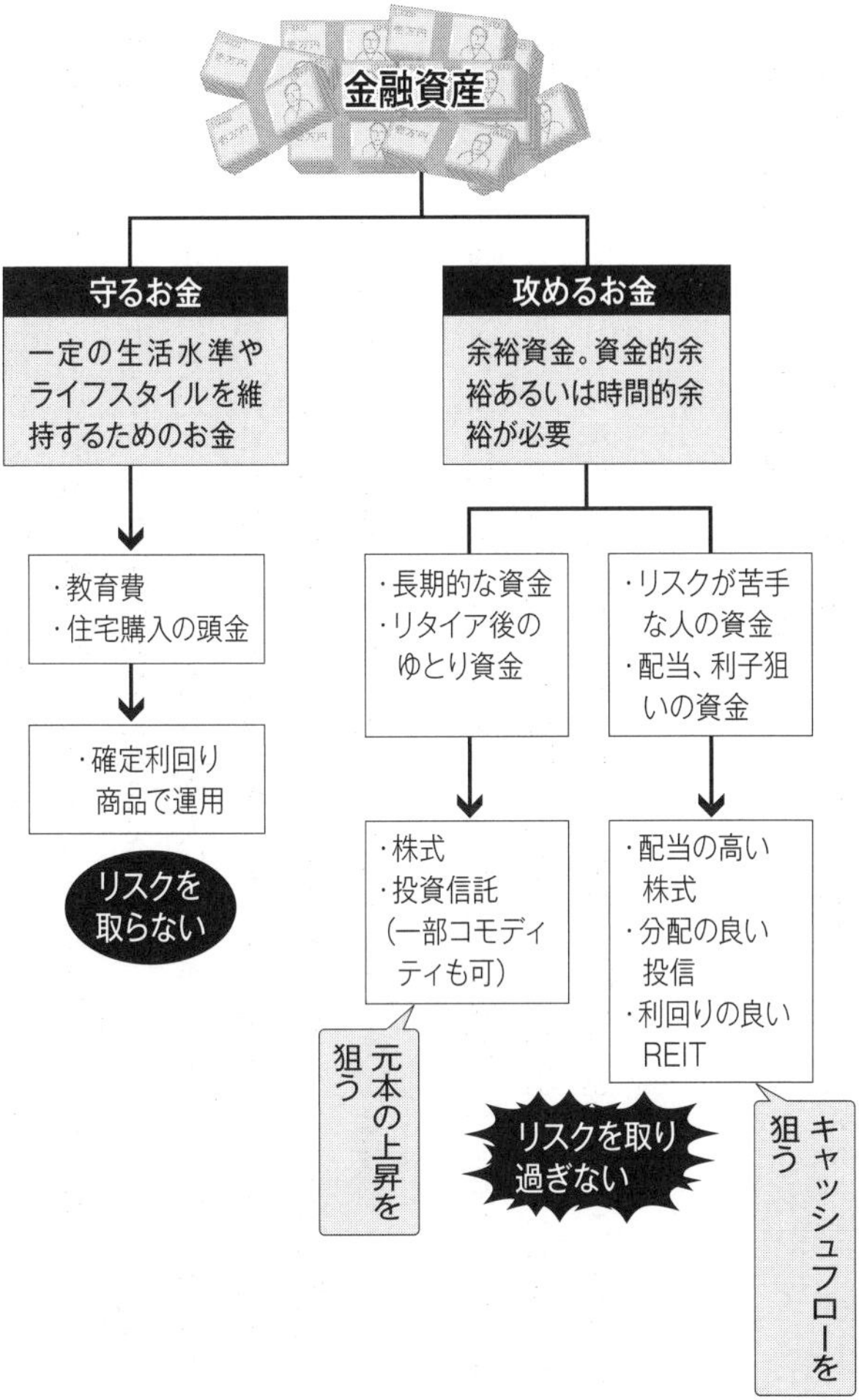

金融資産
守るお金
一定の生活水準やライフスタイルを維持するためのお金
・教育費
・住宅購入の頭金
・確定利回り商品で運用
リスクを取らない
攻めるお金
余裕資金。資金的余裕あるいは時間的余裕が必要
・長期的な資金
・リタイア後のゆとり資金
・株式
・投資信託（一部コモディティも可）
元本の上昇を狙う
・リスクが苦手な人の資金
・配当、利子狙いの資金
・配当の高い株式
・分配の良い投信
・利回りの良いREIT
キャッシュフローを狙う
リスクを取り過ぎない

配当利回りの高い株式（業績や資産内容の良い会社であることが大前提です。これも第10章をご覧ください）や分配型の投資信託、利回りの良いＲＥＩＴ（不動産投資信託。状態の良いものに限ります）などが投資候補になるでしょう。

この場合、元本の安定を考えることもある程度大切ですが、それよりは安定したキャッシュフローを得ることが重要になってきます。(2)－1と違うのは、安定したキャッシュフローを求めるという点です。(2)－1は元本の上昇に期待することに主眼が置かれています。配当と元本の上昇は、時として相反することもあります。

「攻めるお金」を持っている人にとっては、サブプライム後で金融市場が混乱している今が、投資のチャンスかもしれません。先行き不透明感が漂うなか、相場が下がったりする機会が多いからです。もちろん預金金利が上昇すれば、預金や国債で運用することもできます。

「低リスク・高リターン」の商品は存在しない

「守るお金」と「攻めるお金」に分けて考えましたが、何が分かりましたか。

ファイナンスの大原則は、「高いリターンを望むなら、それに応じた高いリスクを取らなければならない」ということです。ですから、資金的、時間的に余裕のない場合には、リスクを取らないほうがよいということになります。

これは絶対の原則です。

豪州ドルなどの外貨預金では、確定利回りで、かつ高利回りの商品もありますが、こちらは為替が変動するリスクがあります。「自分だけおいしい」金融商品などインサイダー取引でもしない限りありませんが、こちらは塀の中に落ちるリスク（=人生を台無しにするリスク）があります。

「守るお金」はリスクを取らない、「攻めるお金」はリスクを取るには取るが、自分の性格に応じてリスクを取り過ぎない、これが大原則です。

「守るお金」、「攻めるお金」の両方、特に攻めるお金については運用する金融商品を小刻みに替えるのは手間がかかるし、短期投資は失敗することも多いものです。第1章で見たように、経済の流れを見極めて、景気の潮目が変わったときに運用方針を見直していきましょう（これを「リバランス」と言うのでしたね）。

時間的余裕、5年と15年で何が違うか

厚生年金を受け取れる一般的なサラリーマンの場合、「老後のために退職時には約3000万円の資金が必要」というような記事をときどき見かけます。一般論としてはそれくらい必要でしょう。

それでは、ここで問題です。また、少し考えてください。

皆さんがあと5年で退職を迎えるとします。今の給与水準と予想される退職金では、確定利回りの運用を続けていれば、どう頑張っても2500万円しか退職時には確保できそうもありません。先ほど触れた「3000万円」に届かないのです。さて、皆さんならどうしますか？ 残り時間は5年です。

今持っている資金や今後退職時までに入る収入を、高い利回りが期待できる商品を探して運用することが正解でしょうか？

私がもしアドバイスするなら、

①元本を大きく割らないリスクの小さな商品で運用する。

②引退後の生活スタイルを年金と手元にある2500万円で暮らせるように設計する。

③そして、それにふさわしい「ポートフォリオ」（金融商品の組合せ）をお薦めします。そのポートフォリオの大半は、預金や個人向け国債、MMF（短期金融商品で運用する投資信託）などの商品となるでしょう。

「えっ？　高利回り商品を薦めるのではないのか」と思われたかもしれませんが、先ほども「太字」で強調したとおり、**期待利回りの高い商品はそれだけリスクがあります。これはファイナンスの絶対原則です。**「リスクとリターン（利回り）」は正比例します。リスクを取らずに高いリターンだけを狙える商品はありません（あれば、皆それを買います）。

考えてみてください。この例で、もし運用がうまくいかず、2500万円すら確保できなくなった場合にはどうするのでしょうか？　金融商品は打ち出の小槌《こづち》ではありません。皆さんを幸せにするための道具ですが、無から有を生み出すことはできません。

幻想を持ってはいけません。運を天に任せるのではなく、このような場合には確実な運用を心がけることが一番です。なぜなら、これは「守るお金」だからです。一歩間違えば、悲惨な生活を送らなければならないのです。

ただし、このケースで、お金が必要になるのが5年後でなく15年後だったら多少のリスクが取れる時間的余裕があるといえます。株式や投資信託など価格が変動するリスクがある商品をポートフォリオに組み入れることにより、利回りをある程度高められる可能性があります。価格下落リスクもあるが、ある程度のリカバリーも期間的に可能だと考えられるからです。

現在の年齢や今後の給与の動向にもよりますが、運用期間に余裕があれば「守るお金」の一部分は「攻めるお金」として積極的な運用にも回せるということです。

リスクの取り方を自分で把握する

金融商品と上手に付き合えるようになると、皆さんの人生はより豊かになること請け合いですが、逆に付き合い方を誤ると、せっかくの人生が台無しになってしまうこともあり得ます。

付き合い方とは、自分が取るべきリスクとリターンの関係を知っておくことです。どこまでリスクを取るのか、取っていいのか、取るべきなのかということを把握しておく必要があるのです。

繰り返しになりますが、リスクを取らない限り高いリターンは望めません。それがファイナンスの鉄則です。しかし、リスクを取れば必ず儲かるということではなく、失敗することがあります（失敗する確率を減らすために、本書では経済や金融の勉強をしてもらっているのです）。

くどいようですが、皆さんが想定する**「ある一定水準の生活やライフスタイルを維持するために必要なお金（「守るお金」）」と、ある程度の余裕資金で「より豊かに暮らす可能性を追求するために運用できるお金（「攻めるお金」）」では、運用の仕方が根本的に異なります。それに、運用にあてられる期間の長さや年齢によってもリスクを取れる許容度がちがってきます。**

「貯蓄から投資へ」ということが、大々的にアピールされていますが、その言葉に乗って前者の確実に運用すべき「守るお金」を投資して運用に失敗した場合には、生活水準を下げざるを得なくなります。後者の余裕資金なら、ある程度のリスクを取って運用し、高いリターンを狙うことも可能です。

「金融知識」や「金融リテラシー」という言葉が使われることがありますが、それは単なる金融商品の知識にとどまらず、**自分にとって最適の金融商品を選ぶ能力を意味します。これは、経済的なことだけにとどまらず、個人の価値観の問題も含みます。**

先に出た「引退時必要資金3000万円」という数字も、持ち家なのか賃貸住宅なのか、また老後のライフスタイルによっても大きく左右されます。

「今後日本の人口が減少して住宅の価値は下がるから、賃貸にしたほうが資産形成上はお得」だとか、「住宅を買う資金で運用したほうがよい」という意見があります。

しかし、住宅に関しては資産形成という面だけでなく、老後の安心感や家への愛着などを考えれば、現役時代は少ししんどくとも住宅ローンを組んで家を買うのが良い選択だと私は思っています。

とはいえ、こうしたことは、投資という観点よりも価値観の問題が多分に影響します。要するに、ライフスタイルと価値観によって必要なお金の額も変わってくるし、金融や金融商品との接し方も違ってくるのです。

「価値観」を大切に

よく金融関係の本、特に投資を促す本を読むと、「日本では個人金融資産のうち、預貯金が5割以上だが、米国ではその比率が1割程度」とした上で、「貯蓄から投資の時代」が主張されていますが、そのような言葉にだまされてはいけません。

「日本では焼酎を飲む人が多いが、米国ではバーボンが多い」と言っているのと同じです。

この言葉を聞いて、焼酎を即座にバーボンに代える人がいないのと同じように、「預貯金」ベースの資産運用を株式などの「投資」に代える必要など全くありません。

必要なことは、まず「守るお金」と「攻めるお金」を区別した上で、「攻めるお金」の中で必要な分だけを、自分の価値観やライフステージに合わせて投資に回す、それだけです（「米国では株式の運用比率が高い」というのは、ビル・ゲイツのようなごく一部の超富裕層がその大半を持っているからです。詳しくは、次の第3章で説明します）。

そして、**日本人には日本人固有の価値観があり、リスクに対する感性があり、それに合った資産運用や調達の方法があるのです。また、それも個人個人で違うはずです。**その個人の価値観の集積が今の日本全体の資産運用の状態を生んでいるのです。

「日本人は金融に対する知識がないから預貯金が大半」というような言い方をする人もいますが、こんな言葉にも惑わされてはいけません。

「無知だから買わない」、「あなたは無知でないはずだから、リスクのある資産を持たなければならない」式の論法は、証券会社や銀行が株式や投信の販売手数料を稼ぎたいがための勝手な言い分なのです。

「守るお金」と「攻めるお金」を区別した上で、自分の「ライフステージ」、「ライフスタ

イル」、それに「価値観」をよく考え合わせてから運用や調達を行なってください。人生を支える大切な財産ですから、ブームや甘い言葉にだまされずにしっかり運用・調達をしていきましょう（そのためには、金融商品、金融、経済を学ぶことが必要です）。

この章のポイント

・お金には「守るお金」と「攻めるお金」の2種類がある。
・「守るお金」は一定の生活水準を維持するためのお金。安全運用が鉄則。
・「攻めるお金」は余裕資産の中で投資に回せるお金。資金的余裕あるいは時間的余裕が必要。
・運用する期間の長さや年齢によって、リスク許容度が違う。自分のライフステージ、ライフスタイル、価値観をよく考え合わせた上で運用する。

第3章　「日本人は株嫌い」のウソ

日本人は「無知」ではない

第2章の最後で日本人の価値観に触れましたが、価値観という言葉だけで済ませてしまうと「小宮さんは感情論で話をしている」と言われそうなので、もう少し「科学的」に現在の日本人が持っているポートフォリオ（金融資産の組合せ）について説明をしておきます。

前の章で「日本人は金融に対する知識がないから預貯金が大半」と指摘する人がいることに触れましたが、実はこれは大変な誤解です。日本人も欧米人同様、お金を「合理的」に判断した結果として、預貯金の比率が高いポートフォリオを持っているのです。決して「無知」だからではありません（だいたい優秀な日本人に対して「無知」などという言葉を使う人間の神経が分からない、などと感情的になってはいけませんね。スミマセン）。

実は金融資産の保有残高が少ない層では、米国人より日本人のほうが格段に多く株式を保有しています。そう、日本人は株式での運用を幅広い層が行なっているのです。しかし、これを必ずしもうまく運用できていないのが実情で、結論を言うと、「株価が低迷しているから株式での運用が少ない」という合理的選択をしているにすぎないのです。

これから、ある金融論文を紹介しながら、今、述べたことを説明していきます。

第二部で詳しく説明しますが、長期的に金融資産を大きく増やすには、将来性があって安定的な収益をあげる可能性が高い企業の株式に長期投資するのが一番です（しかし、日本経済の成長鈍化によって、そんな企業が少なくなっているのも、悲しいかな、現実ですが……）。

日本の家計の株式保有比率は「欧米と遜色ない」

日本の「家計」の金融資産に占める株式シェアは、このところ10％以下（1998年5・47％、2004年7・01％）ですが、高度成長時代初期の1961年には25・6％も株式が占めていて、バブルピークの89年でも17・9％ありました（ちなみに61年の通貨性預金、定期性預金合計は41・2％でした）。

これらの数字は、広島大学大学院の松浦克己教授の論文、「なぜ日本家計の株式投資シェアは低いのか」（「証券アナリストジャーナル」06年8月号）に出ていたものです。

日本の家計で、金融資産の4分の1が株式という時代があったのですが、それだけではありません。松浦教授はこの論文の中で、「日本家計の株式保有比率は欧米諸国と遜色はない」とも書いています。

どういうことかというと、1株でも株式を保有している家計の比率は、「（筆者補足＝日本では）1960年から2000年を通じ15〜20％前後で安定して推移している。……（中略）……1995年の米国で家計の株式保有比率が15・3％であったことを考えると、米国とも遜色はない」というのです（ちなみに04年の米国は20・7％）。つまり、1株でも株式を保有している家庭の比率は日米で同じだということです。

米国は大半の人が株式を持っていない

日米で大きく違うのは、「米国では純資産トップ1％の階級が占めるウエートは41・3％（1989年）、50・9％（2004年）……（中略）……上位5％の階級で家計保有株式全金額の72・7％〜79・1％を占めている」ことです。

ここでいう「ウエート」とは、株式ウエート（＝各階級の株式保有金額÷家計全体の株式保有金額、％）、つまり各階級の株式保有金額が全体に占めるシェアを指しています。とすると、米国では上位1％の純資産を持っている人が、家計が保有する株式金額全体の5割を占めていることを意味します（すごいですね！　上位1％の人だけで半分を持っている）。

日米両国の純資産階級別株式保有比率とウエート

〔米国〕 (%)

	全体	0~50	50~90	90~95	95~99	99~100
(1989年)						
株式保有比率	16.9	5.6	21.3	46.2	62.4	72.7
ウエート	100	1.2	15.8	10.1	31.4	41.3
(1998年)						
ウエート	100	0.5	10.2	7.5	25.8	55.9
(2004年)						
株式保有比率	20.7	6.5	27.8	56.3	68.8	69.6
ウエート	100.0	0.6	10.3	10.1	28.2	50.9

〔日本〕 (%)

	全体	0~50	50~90	90~95	95~100
(1989年)					
株式保有比率	15.67	7.52	18.16	41.67	52.52
ウエート	100	10.61	24.65	17.68	47.06
(2004年)					
株式保有比率	14.09	6.79	15.28	40.74	51.06
ウエート	100.0	8.96	28.75	13.58	48.67

*松浦克己「なぜ日本家計の株式投資シェアは低いのか」
(「証券アナリストジャーナル」2006年8月号) を参考にして作成

さらに、上位5％まで枠を広げると、全体の8割近くを持っていることになります。ビル・ゲイツやウォーレン・バフェットをはじめとするごく一部の超富裕層が、金額ベースで米国の家計が持つ株式の大半を保有していることの表れです。

また、松浦論文によると、「これに対し純資産0～50％の下位階級のウエートは1・2％（1989年）、0・6％（2004年）と無視し得る水準である」。つまり米国では下位50％の層では、金額ベースで家計が保有する全株式総額のわずか0・6％しか持っていないのです。

半数の家庭を合計してもわずか0・6％と、全体からすれば「無視し得る」程度の株式しか持っていないということは、実は米国ではかなり多くの人が株式を持っていないということになります。

米国の「平均値」にだまされるな

米国の貯蓄率が、どの程度かご存知ですか。平均するとゼロ近辺で、貯蓄率はあるかないかといった「なけなし」の水準です。「米国では投資信託や株式が家計の金融資産の約5割、日本では1割程度」などとよくいわれますが、これはあくまで「平均」の数字であることに注意しなければなりません。超富裕層とほとんど金融資産を持っていない人の「平均」です（経営の格言の一つに「平均値にごまかされるな」というのがありますが、まさにそれです）。

もう一つ、よく無視される「事実」があります。皆さんは、日本の個人金融資産の合計が約1500兆円あることは、耳にしたことがあるでしょう。それでは、ここで見たように、貯蓄率が平均でほぼゼロに近い米国の個人金融資産の合計は、いくらあるかご存知ですか？　日本より多いでしょうか、少ないでしょうか？　1人当たりではどうでしょうか？

正解は、米国の個人金融資産は全体で約44兆ドル（約4400兆円）あります。米国は人口が約3億人、日本は1億2800万人ですから、1人当たりの金融資産を計算すると、日本は約1170万円で、米国は約1470万円です。米国のほうが数割上回っています（この数字は、為替レートの変動で結構変わります）。

貯蓄率が「平均で」ほぼゼロの米国が、「平均で」日本以上の金融資産を持っているということは、米国ではいかに超富裕層がその金融資産の大半を保有しているかが分かると思います。

米国では、30軒に1軒が金融資産100万ドル（1億円）以上の富裕層といわれています。要するに、この富裕層が家計の金融資産の大半を保有しているのです。そして、もうお分かりと思いますが、その結果が、かなりゆがんだ形で米国の家計金融資産の「平均値」として表れているのです。先に触れた「米国では投資信託や株式が家計の金融資産の約5割」というのは、「平均値」と言いながら、実際は金融資産が100万ドルを超えている富裕層の資産運用の姿を表しているのです。前の章で説明した「攻める」お金の運用ですね。

日本でも格差社会が話題になっていますが、米国の二極分化は日本より格段に進んでいるのです。

ちなみに、日本ではどれくらいの富裕層（一般的には、金融資産を1億円以上持っている家庭を「富裕層」と言います）がいるかご存知ですか？

プロローグでも少し触れましたが、答えは約1・8％（50軒に1軒程度）です。5億円以上の金融資産を保有する「超富裕層」は0・1％（1000軒に1軒）で、このほか5000万円以上の「準富裕層」が5・7％、3000万円から5000万円までの「アッパーマス層」が14・3％、そして78・2％が3000万円以下の「マス層」です（数字は

「プレジデント」2008年5月19日号記載の野村総合研究所推計（2005年）による）。

日本の下位層は米国の家計より株式を保有している

もう少し、松浦論文の話を続けます。

さて一方、日本での株式ウエートを見ると、「日本では純金融資産トップ5%の階級ウエートは48・67%（2004年）である。これは米国を約30ポイント下回る水準である。他方で米国では無視できる水準であった0〜50%の下位階級のウエートは8・96%であり、一定の地位を占めている」とのことです。

日本では、資産保有トップ5%が保有している株式総額は米国ほど大きくなく、逆に下位50%層が保有している株式総額は日本のほうが断然大きいと言っているのです。

さらに、ここまでは資産階級別での話ですが、松浦論文では「所得階級別で見ても米国と日本の家計の株式保有比率やウエートは同様の傾向がある」としています。

つまり、日本でも米国でも株式を1株以上保有している家計の比率はそれほど変わらないのに、米国では純資産の保有者や「所得上位者」の上位5%、特に上位1%の層が株式を金額ベースで大量に保有しているということなのです。

日本人の金融リテラシーは低くない

これに対して、日本では上位層の家計が保有する株式の金額比率は米国より格段（30％も、です）に少なく、金融資産を比較的持っていない下位50％の層が保有している株式の金額は米国より格段に多いということなのです。

意外ではないですか？

「米国人は皆、株で運用しているが、日本人はしていない」というのではなく、「日本人もアメリカ人と同様に株式で運用しているが、実際に株式を多く保有しているのが、米国では断然富裕層、日本では米国とは違い下位層が相対的に株式を保有している」ということなのです。

皆さんが植えつけられていた常識とは、かなり違った結論ではないでしょうか。多くの日本人が金融リテラシーを持っていない、ということではないのです。むしろ米国に比べても下位層の人は、リスク資産を保有しているのです。

過去の保有比率とも合わせて考えると、次のようなことが言えるのではないでしょうか。すなわち、日本人も株価が上昇したり、配当利回りが高かったりするときには株式を買う、しかし、そうでないとき、特に富裕層は「儲からない」ときには株式に手を出さない――こういうことだと私は思います。また、米国より日本のほうが下位層でも株式を保有しているという事実からは、日本の富裕層は株式での運用を抑制しているようにも思えます。

繰り返しますが、日本人の金融リテラシーが低いということはありません。株式離れを食い止めるための方便なのでしょうが、「金融リテラシーがあるなら株を買え」式の論法に乗せられてはいけません。こういうことを言う証券会社の営業マンは、手数料を稼ぎたいだけなのです。皆さんは、株式を買えばよいかを自分で判断すればいいのです（もちろん「攻めるお金」で、です）。

リスク資産にシフトするのはどういうときか

ほかにも、興味深い金融論文があります。預金などの安全資産を株式に資金シフトする際の要因を分析したものです。そこには、次のように書かれています。

「①当該年の株式収益率はフロー変化に対して有意な要因ではないが、前年の株式収益率が高いと有意にリスク資産へ資金シフトを高める、②潜在成長率の上昇は、有意にリスク資産への資金シフトを高める、③土地価格上昇率の上昇は、有意にリスク資産への資金シフトを高める、④預金金利の上昇は、多くの場合において有意にリスク資産へのフローを低下させる。ボラティリティの上昇はリスク資産からの資金引き上げを起こす可能性があるが、必ずしも安定した結果ではなかった」(光定洋介「家計の株式等への資金シフト決定要因分析─貯蓄から投資への流れに何が必要か─」『証券アナリストジャーナル』2006年8月号)

これは、少し専門的過ぎたかもしれませんね。「有意」というのは、平たく言えば、統計的に関連性があるということです。

少し私が説明を加えましょう。

この論文では、預金などの安全資産から株式などのリスク資産にシフトする要因として、「前年の株式収益率」、「潜在成長率」、「土地価格上昇率」が正の相関(一方が増加したとき他方も増加する、例えば、前年の株式収益率が上がれば、安全資産からリスク資産にシフトが起こる可能性が高いということ)、「預金金利の上昇」には負の相関がある(一方が増加したとき他方が減少する)と言っているのです。

金融に関して何も知らないのではなく、日本の家計はこれらの要因を判断して、資産を合理的に安全資産とリスク資産との間でシフトさせているのです。その結果が現在の日本の家計のポートフォリオを形成しているのです。

この論文は、株式投資に対してある示唆を与えています。それは、経済成長が高まれば株価が上がる可能性は高くなるので、経済が成長すればリスク資産への投資も増え、逆に言えば、経済が停滞している限りは投資は増えにくいということです。ある意味、当たり前の帰結ですが……。

いずれにせよ、「貯蓄から投資」はブームでも無理やりシフトするものでもなく、また、必然的にシフトするものでもありません。経済環境などの外部要因や価値観をベースに、自然に、かつ合理的に、シフトするかあるいはシフトされないものなのです。

あくまでも、ご自身の価値観に応じて判断をしてください。ブームに乗るとろくなことはありません。

テクニック 2

皆さんは金融論文を読む機会は少ないかもしれませんね。私は証券アナリスト協会の会員（日本証券アナリスト協会検定会員）なので、ここで引用させてもらった

「証券アナリストジャーナル」を読むのを毎月楽しみにしています。投資を促す雑誌は金融商品を「買う」気にさせようとする内容ばかりですので、専門的な論文を読むのは難しいにしても、いろいろな新聞や雑誌に目を通して「中立的」な意見が何なのかを知ることが重要です。日本経済新聞の「経済教室」には、一流の書き手による比較的分かりやすい論文が毎日載っています。勉強になりますよ。

ただし、本や雑誌記事でも、中には自分の主張に都合の良い論文や資料を引用していることも少なくありません。その点にも注意が必要です（もちろん、私の本もそういう目で批判的に読んでください）。

この章のポイント

・日本人の家計の株式保有率は、欧米諸国に比べて低くない。
・大衆レベルでは、米国の家計よりも株式保有量が多い。
・「米国人は株で運用、日本人は預貯金」という〝常識〟はまちがっている。

第4章　損得は「時間軸」で見る

「長期で見れば株式投資が得」は本当か

最初に断っておきますが、私は株式投資を否定しているわけではありません。むしろ、「攻めるお金」に関しては、株式投資は最も効率の良い運用方法であるとも思っています。ただし、あくまでも十分な知識を持った上で取り組まないと、損をする可能性が少なくないと申し上げているだけなのです（44ページで引用したバフェットの言葉「天と同じく、市場はみずから助くるものを助く。しかし、天と違って、市場は右も左もわからぬものを許さない」を思い出してください）。

第3章の最後で、日本人は「株式からのリターンが低いときには株を買わない」という合理的行動を取っていること、特に富裕層は、そのように行動していると説明しました。この章では、株式投資のリターンについてもう少し詳しく見ていきましょう。バブル崩壊後20年近く経っていますが、たしかに日本株のリターン（収益率）は低く、かつ、ばらつきも大きくなっています。

そもそも投資の利回りについての一般的な認識に、大きな誤解があることをまず説明しておきましょう。そして、「貯蓄から投資へ」という言葉に惑わされてはならない理由を、

第3章とは違った視点から説明します。

皆さんが銀行に預金を預けることは、得なのでしょうか、損なのでしょうか？　株式で運用したほうが得なのでしょうか？　大切なお金を運用するのですから、どうすれば一番良いかを考えなければなりません。

「長期的に見れば、株式で運用したほうが得」だとか、「投資信託のほうが良い」という意見をよく聞きます。これらも、「攻めるお金」に関する一般論としては間違ってはいない場合が多いのですが、ただし、その「長期的」というのが実は問題なのです。

投資に関する本を読んでいると、たいていは20年や30年、50年という長い期間や、ある特定期間の株式の投資利回りを預金と比べて、多少リスクはあっても株式や投資信託のような「投資」商品のほうが利回りがいいと説明しています。表や折れ線グラフなどで見せられたら、普通の人なら信じてしまいますよね。

しかし、この考えは正しくありません。**「得するときもあれば損するときもある」というのが正解です。**

リターンは期間の取り方で大きく違う

なぜなら、損得の分かれ目は、どういう期間の取り方をするかにかかっている場合が多いからです。期間というのは、一つは「時間の長さ」、そしてもう一つは「いつを始点にするか」です。

たしかに50年などの超長期でとらえれば、過去には株式の利回りが預金利回りを上回っている場合も少なくありません(私は1957年生まれのちょうど50歳ですが、その間に日経平均は587円(57年3月末)が1万2525円(2008年3月)になっており、もし57年に投資を始めたとしたら、投資したお金が20倍強になっている勘定です。すごいですね。平均年約6%で複利運用できていることになります)。

株式のような預金に比べて相対的にリスクの高い商品の利回りが、安全確実な商品の利回りを長期的に下回るのなら、株式市場は成り立たないと一般的には考えられています。そんな事態になれば、大方の資金が預金や国債にシフトしてしまうからです。リスクとリターン(利回り)の関係は、ある程度比例するという仮説で、長期的に見てもリスクの高い商品のほうが利回りが高いということです。だから株式市場が投資市場として成立するという仮説が生まれます（ただし、これについては違う見方もできます。全体で考えれば買った側が必ず損をする「宝くじ」がいつの時代も成り立つことを考えれば、全体で利回りが預金より高くなくとも、ごくわずかでも誰かが「大儲け」できる確率があれば、全体的には損でも株式市場は成り立つとも考えられます）。

現実的には株式投資の利回りは、「どこを始点にし」、「何年間投資するか」で大きく違ってきます。

次ページの見開き表を見てください。ややこしそうな表に見えますが、期間の取り方で株式投資のリターンがいかに違うかが一目で分かるものです。

例えば私は81年に社会人になりました。このときに日経平均に投資した場合、日経平均株価（3月末終値）は7334円で08年3月には1万2525円ですから、27年間で資産価値は約70％増加しているということになります（表の左端が投資を始めた年です。そこで「1981年」の行を見つけ、そこと「2008年までの利回り」の列が交わる欄を見てください）。

同様に、91年に就職した人の場合を計算すると、91年3月末の日経平均株価は2万6300円ですから、そのときに日経平均に投資して17年間運用した人は半値以下に資産価値

投資を開始した年	3月末終値(円)	1年利回り	5年利回り	10年利回り	2008年までの利回り
1983年	8478.70	29.4%	209.7%	119.3%	46.6%
1984年	10968.41	14.8%	199.4%	74.2%	13.4%
1985年	12590.20	26.0%	138.1%	28.2%	−1.2%
1986年	15859.75	36.0%	65.8%	35.0%	−21.6%
1987年	21566.66	21.8%	−10.3%	−16.5%	−42.3%
1988年	26260.26	25.1%	−29.2%	−37.1%	−52.7%
1989年	32838.68	−8.7%	−41.8%	−51.8%	−62.1%
1990年	29980.45	−12.3%	−46.2%	−32.2%	−58.5%
1991年	26292.04	−26.4%	−18.6%	−50.6%	−52.7%
1992年	19345.95	−3.9%	−6.9%	−43.0%	−35.7%
1993年	18591.45	2.8%	−11.1%	−57.1%	−33.1%
1994年	19111.92	−15.6%	−17.1%	−38.7%	−34.9%
1995年	16139.95	32.6%	26.0%	−27.7%	−23.0%
1996年	21406.85	−15.9%	−39.3%	−20.3%	−41.9%
1997年	18003.40	−8.2%	−38.8%	−4.0%	−30.9%
1998年	16527.17	−4.2%	−51.8%	−24.8%	−24.8%
1999年	15836.59	28.4%	−26.0%	−21.5%	−21.5%
2000年	20337.32	−36.1%	−42.6%	−38.9%	−38.9%
2001年	12999.70	−15.2%	31.2%	−4.4%	−4.4%
2002年	11024.94	−27.7%	56.8%	12.8%	12.8%
2003年	7972.71	46.9%	55.9%	55.9%	55.9%
2004年	11715.39	−0.4%	6.1%	6.1%	6.1%
2005年	11668.95	46.2%	6.6%	6.6%	6.6%
2006年	17059.66	1.3%	−27.1%	−27.1%	−27.1%
2007年	17287.65	−28.1%	−28.1%	−28.1%	−28.1%
2008年	12525.54				

(99年以降の10年利回り、04年以降の5年利回りは08年までの利回り)

株価の利回りは気まぐれ

（日経平均株価に○○年に投資を始めた場合の利回り一覧）

投資を開始した年	3月末終値（円）	1年利回り	5年利回り	10年利回り	2008年までの利回り
1957年	587.00	−9.7%	147.0%	148.0%	2018.1%
1958年	529.98	44.3%	204.6%	159.9%	2246.0%
1959年	764.85	38.5%	59.8%	140.7%	1525.6%
1960年	1059.49	49.8%	6.9%	138.2%	1073.5%
1961年	1587.10	−8.7%	−0.2%	51.4%	683.4%
1962年	1449.78	11.3%	0.4%	119.9%	757.6%
1963年	1614.13	−24.3%	−14.7%	223.8%	670.3%
1964年	1222.17	−7.3%	50.6%	266.0%	917.3%
1965年	1132.77	39.9%	122.8%	295.9%	997.6%
1966年	1584.28	−8.1%	51.7%	190.1%	684.8%
1967年	1455.58	−5.4%	119.0%	246.0%	754.2%
1968年	1377.58	33.6%	279.4%	295.5%	802.6%
1969年	1841.02	37.1%	143.0%	233.6%	575.4%
1970年	2523.75	−4.8%	77.7%	159.8%	392.7%
1971年	2403.30	32.6%	91.3%	205.2%	417.3%
1972年	3187.62	63.9%	58.0%	127.8%	290.1%
1973年	5226.02	−14.4%	4.2%	62.2%	137.9%
1974年	4473.58	0.3%	37.3%	145.2%	177.9%
1975年	4484.97	2.5%	46.2%	180.7%	177.2%
1976年	4596.48	9.6%	59.6%	245.0%	170.5%
1977年	5036.46	8.2%	44.2%	328.2%	146.9%
1978年	5447.76	12.7%	55.6%	382.0%	128.2%
1979年	6141.31	6.8%	78.6%	434.7%	102.5%
1980年	6556.19	11.9%	92.0%	357.3%	89.6%
1981年	7334.31	−1.0%	116.2%	258.5%	69.5%
1982年	7260.48	16.8%	197.0%	166.5%	71.2%

が減ってしまっています。また、01年に就職した人では、その年の日経平均は約1万3000円ですから、7年間で若干の損失を抱えているといったところです。

表では、別の計算例も示しておきました。それぞれの年からスタートして「10年」あるいは「5年」、日経平均に投資したときの資産の増加額を示しています。年率ではありません。投資したときから10年間、あるいは5年間で資産が何％増加したか減少したかを表しています。

どうでしょう。結構ばらつきがあるのが、お分かりいただけると思います。株式投資の利回りは、気まぐれなのです。「ランダムウォーク」（「千鳥足」とでも訳すのが適切でしょうか）と呼ばれることもあります。ある年に高い利回りが出て、それが続くこともあれば、一気にマイナスの利回りとなることもあります。この利回りの変動に規則性を見出そうとする人もいます。もし一定の規則性があれば必ず投資に成功するはずですが、今までそれに成功した投資家がいないことを考えれば、やはり「ランダムウォーク」と考えるほうが無難です。

「ライフステージ」を考える本当の意味

大方の皆さんは、「50年」などという長期間の投資はできませんよね。「30年」も難しいでしょう。第一、いつ生まれるかなどは神様が決めることですから、長期の投資においては、私たちは始点も自由に決められません。

先ほど自分の「ライフステージ」を考えなければいけないと言ったことには、こういう意味が含まれています。「期間」と「始点」によって利回りがガラッと変わるからです。

人は生まれて死ぬまで、いつ生まれるか、そしていつ死ぬかにもそれぞれ違いがあります。私のように、たまたま1981年に就職した人もいれば、91年に就職する人もいる。はたまた今年就職する方もいれば、その一方で、もうそろそろ定年を迎える団塊の世代の方もいます。

資金の必要な時期や余裕がある時期も異なります。つまり、**生まれた時期と資金の過不足という二つの変数の違いが、利回りに影響を及ぼす大きな要因となっているのです。**

一般論で片づけてはいけません。皆さん一人ひとりの生まれたときや、ライフステージごとに個別に見ていく必要があります。

ライフステージに関して言えば、資金の過不足が生じる時期は、ある程度一般化することができます。就職して結婚し、子供ができて家を持ち……定年、といった具合です。子供の進学時や住宅購入時などでは、比較的大きなお金が必要となります。逆に、定年時にはまとまった退職金が入る方が少なくないでしょう。

しかし、現在ではライフスタイルも多様化しています。晩婚化が進んでいますが、中には早婚の方も結構いらっしゃる。ワーキングプアが取りざたされ格差社会が叫ばれる一方で、外資系金融機関などに勤めて20代からかなりの余裕資金を持っている人もいるといった具合に、「平均的」という一般論で片づけられない状況になっています。

もうお分かりと思いますが、皆さん一人ひとりの、現在の年齢や家族構成などの「ライフステージ」とともに、収入、支出の状況をまずしっかりと把握しない限り、「最適な」資産運用や調達の方法を決められないのです。

GDPと株価の関係

ここで、マクロ経済と株価の関係を少し見ておきましょう。左の図は1987年度から2007年度までの21年間の株価騰落率と名目GDP（145ページ参照）の推移をグラフにしたものです。

どうでしょう、ある程度の相関を読み取ることができますね。経済が拡大する、つまり

株価騰落率と経済成長率の推移

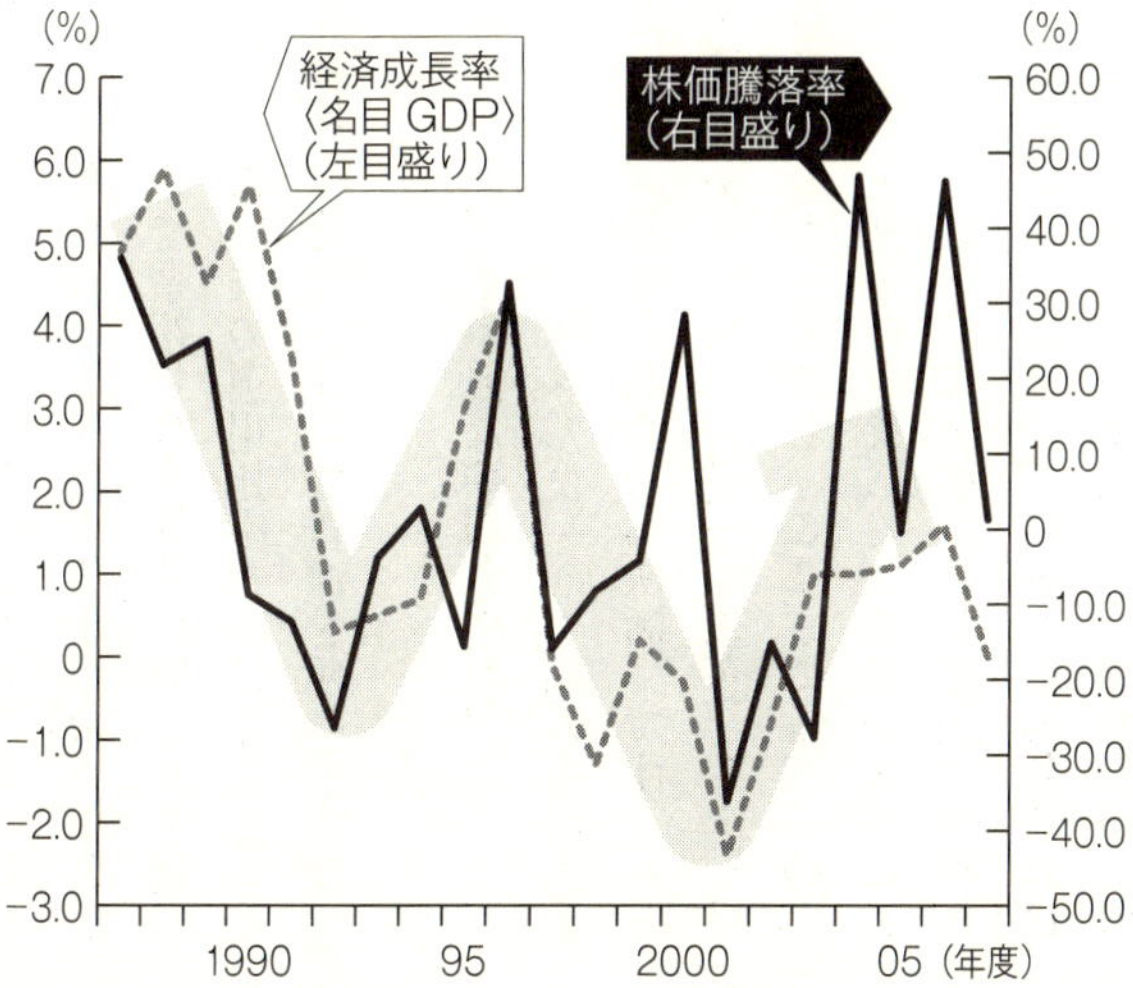

景気がいいときには株は上がりやすく、そうでないときには下がり気味だということは直感的にも想像できることです。個別銘柄や株式主体の投資信託を買う場合でも、実はそのときどきのマクロ経済の状況に大きく左右されることも分かっていただけると思います。

つまり、ここでも株式で運用する場合には、運用時期によってその利回りに大きく差が出るということです。景気のいいときには株価は上がりやすいし、景気の悪いときには下がりやすい。

私は、リスクがあるから株式では

運用をするなと言っているのではありません。マクロ経済をコントロールすることは、だれにもできません。たまたま資金が余ったときに景気が上昇期なら、株価は上がりやすい傾向があるので余裕資金を株式に回しても構わないが、景気が悪いときなら株価は下がりやすいので株式での運用比率を下げる必要がある、と言っているのです。**株式運用（特に株価全体のインデックス）で資産を殖やすには、景気の読みに加えて運が必要なのです。**

自分でリカバリー可能な期間を決める

さて、ここで、皆さんに一つ大切な決断をしていただきます。「守るお金」と「攻めるお金」とを区別するための「決断」です。

「攻めるお金」には、「資金的余裕」あるいは「時間的余裕」がなければならないとお話ししてきました。ただし、ここまでは、その「時間的」という言葉を、期間を明示することなく漠然と使ってきました。なぜなら、これには個人の感覚の問題も絡むからです。

そこで、ここまでにお示しした株式の利回りの表や、GDPと株価騰落率のグラフをもう一度ご覧になった上で、**自分なら何年あれば、ある程度投資に失敗した場合でもリカバリーできるのか、その年数についてあらかじめの「決断」をしていただきたいのです。**

決断した年数以上の運用期間があるのなら余裕資金でなくても「攻める」ことはできますが、逆に余裕資金ではない場合は、リカバリーできるという見込みがなければ、「守るお金」として安全確実な運用を心がけなければなりません（子供の学費、住宅取得の頭金、退職後に取り崩しを予定している資金などを想定してください）。

1988年から2007年まで、それぞれ3月末に日経平均に投資した場合の1年間の利回りの勝ち負けは「7勝13敗」です（80・81ページの表をもう一度、ご覧ください。1年後に少しでも日経平均が上回っていれば「勝ち」、下回っていれば「負け」です）。バブル崩壊後という要因もあると思いますが、その中には4連敗が1回、3連敗が2回あります。また、例の「ランダムウォーク」、騰落率には大きなばらつきがあります。

そうしたことから、私はリカバリー期間としては「5年」は短いと感じます。そうですね、「10年」ならリカバリーできそうという感じでしょうか（もっとも、これも経済環境によりますが……）。その間の「7年」くらいが分岐点かもしれません。

しかし、これも個々人の感覚で随分違ってくると思います。ただし、2年や3年で必ずリカバリーできると考えるのは、かなり無理があることはお分かりいただけると思います。

個人個人の性格も大切な要素

米国のビジネススクールに留学していたときに「意思決定」の授業があり、人間の意思決定には個人の性格が大きく絡むということを学びました。**「リスクを取る傾向のある人をリスクテイカー（risk taker）」**といい、**「リスクを回避する傾向のある人をリスクアバーター（risk averter）」**と呼びます。

先に価値観の話をしましたが、個人で見た場合には価値観を形成する一つの大きな要素に性格があると考えられます。

リスクを取りたい人に、「すべての資産を預金で運用してください」というのは酷でしょう。逆にリスク回避型の人に、「運用の大半を価格変動のある商品で」というのもかわいそうな話です。ご自身の性格に合わせた金融商品と付き合う必要があります。

こうしたことは、少し難しい言葉で**「リスク選好」**と呼ばれることもあります。リスクを取る度合いの違いです。このリスク選好には、現在だけでなく時間軸を考えた考察がなされることもあり、「時間選好」と呼ばれます。少し複雑ですが、リスクと時間の選好の両方を考えるわけです。例えば、「今確実に50万円が手に入るのと、1年後に70％の確率で100万円入るのとどちらを選ぶか」といった質問の場合、皆さんならどちらを選びますか（前提として、今、全くお金に困っていないとします。お金に困っているなら、今の50万円ということになるでしょうからね）。

リスクを回避する人は前者を選ぶでしょうが、リスクを取る人は後者を選ぶかもしれません。つまり、人により、リスクの取り方と時間に対する感覚が違うのです。

ダウンサイドリスク（最大限の損失）を考える

金融商品の説明では、過去の利回りなどとともにその偏差（ばらつき）を示されることがよくあります。例えば、「過去20年間の年平均利回りは5％、標準偏差は7％」といった具合です（ちなみに、統計的には1標準偏差内に収まる確率は約68％、その2倍までに収まる確率は95％です。これは正規分布の理論なのですが、第6章でもう一度、説明します）。

こうした確率論的な考え方と同時に、**「ダウンサイドリスク」も考えておかなければなりません。**ダウンサイドリスクとは、失敗したときに被る最大限の損失のことです。

私は十数社の会社の非常勤の役員をしており、月に10社程度は役員会や経営会議に参加しますが、投資案件などでダウンサイドリスクがその企業にとって大き過ぎる場合には、成功確率が90％程度だと考えられても反対します。なぜなら、会社をつぶしてしまうおそれがあるからです。

後付けの理論にだまされてはいけない

投資理論の多くは過去の経験則からくる後付けの理論です。過去の実績をベースにしています。中には、それぞれの商品を薦める側にとって「都合のよい」期間を選んだ、都合のよい理論を展開するものもあります。もちろん過去の分析も重要です。統計的に有効な理論も多くあります。それが未来への予測の一つの根拠となるからです。しかし、すべてが根拠とならないことには注意が必要です。

日本のバブルのピークは株価で言えば、１９８９年12月29日です。日経平均株価の終値が３万８９１５円87銭をつけました。だれもが翌90年には４万円をつけると信じていましたが、その後暴落。２００３年には８０００円を切る水準にまで落ち込みました。その間だけ株式で運用していたら財産の大半をなくしたことになります。

逆にバブルの直前に株を買ってピークで売り抜けていたら、短期間に４倍程度の運用ができたことになります。

もう一度、言っておきます。

私は、株などのリスクの比較的高い投資が良いとか悪いとか言っているのではありません。むしろ「攻めるお金」では、やり方によっては最も有効な運用手段です。ただし、金融商品を売る側に都合よく展開されている「理論」が横行しているのが現状です。あくまでも自分のライフステージに合わせて「守るお金」と「攻めるお金」を峻別《しゅんべつ》して、運用、調達を心がけるべきです。そうしないと、一生を台無しにしてしまうおそれがあるということを言いたいのです。

この章のポイント

・株式のリターンは運用期間（始める時期、長さ）によって大きく異なる。儲かる年もあれば、大きく損する年もある。しかも、騰落に法則性はない（ランダムウォーク）。
・株価は、ある程度、景気とリンクしている。好況時は上昇傾向、不況時は下落傾向。
・自分にとって、損失をリカバリーできる期間がどれくらいかを決めておく。5年は短い。7年程度が分岐点に。
・ダウンサイドリスク（失敗したときに被る最大限の損失）も必ず考慮する。

第5章　必要なお金をざっくり計算してみよう

自分の人生をコントロールする感覚が大切

ここからは、皆さん一人ひとりのライフステージと資金の過不足を考えていきましょう。「守るお金」がいくら必要なのか、「攻めるお金」をいくら持っているのかを確認するのです。

「そんな面倒くさいことは、いやだ」と考える人は、お金は貯《た》まりません。よほどのお金持ちならそれでもよいでしょうが、そんな方はめったにいないですよね。

大切なことは、安心感を得ることです。違う言い方をすれば、自分のお金の出入りや過不足を知って、自分の人生を金銭的に自分でコントロールしているという感覚を持つことなのです。

お金が足りないときがあっても、それはそれでかまいません。それが予想されており、足りない金額が想定の範囲内であることが重要です。お金が足りないことが分かっていたら、資産を売却したり銀行から借金したりして、前もって必要な手当てをすることができます。

こまかな計算は必要ありません。あくまでも、ざっくりとでかまわないので、自分でコントロールしているという感覚を持つことが大切です。

リタイアまでに「いくら貯まるか」

まず最初に、難しい計算なしに、これから先、いくら貯まるかを計算しましょう。すごく簡単です。

今年、いくら貯まりそうですか？　それに残りの働ける期間を掛けて、皆さんが現在お持ちの金融資産残高を足せば、引退時の金融資産が分かります。退職金の金額が分かっていれば、それも足します。それだけです。いくらですか？

あなたが新入社員とした場合、最初は少し難しくても2年目あたりからボーナスを入れて年間40万円貯めるとします。月2万円弱で、ボーナス時に10万円ずつ貯めればOKです。65歳で引退するとして、今から43年間、毎年40万円ずつ貯めたら、リタイア時には1720万円になっています。退職金を手取りで1000万円もらえるとすれば、2720万円貯まることになります。先に「引退時に3000万円必要」との意見を紹介しましたが、これならほぼ賄うことができます。

ここでは運用益や、お金の価値にとって重要なインフレ率を考慮していませんが、それでも大丈夫です。インフレ率程度の運用はできるとして、運用益とインフレ率をチャラだと考えているからです。

もう少し現実的な人なら、20代は年30万円、30代では40万円、それ以降は子供の成長や給料の伸びなどで、毎年どれくらい貯まるかを考えてもよいと思います。そんなに難しく考えなくても、ざっくりとでも、まず、計算しておくことが大切です。

できれば、毎年か5年ごとを節目として、その時点での「金融資産残高」を書いていってください。そして、そのうちどれだけを「守るお金」に、どれだけを「攻めるお金」に回せるかを判断してください。

貯める金額の目標を作ろう

今ここでざっくりと貯められるお金を考えましたが、逆に言えば毎年、貯めるお金の目標を持つことをお勧めします。目標を持って達成しようと思っていると、結構貯まるものです。計画性がなければ貯まるお金も貯まりません。少し無理をしてでも貯めていくことが大切です。

「散歩のついでに富士山に登った人はいない」という言葉を私に教えてくれた人がいます

が、目標や計画なしには何事も成し遂げられません。

目標を達成するには、Plan（計画）→Do（実行）→Check（評価）→Action（改善）の「PDCAサイクル」で、見直しを随時行ないながらお金を貯めていくのがいいでしょう。

若い方なら、結婚資金→家を買う頭金→子供の教育資金などライフステージを考慮しつつ、徐々に老後のための資金づくりへと進んでいきます。現役時代でもお金に余裕があったほうがいいですから、出ていくお金を考えながら毎年、貯めていくお金を計算してください。

今後10年間の資金の過不足を計算する

次ページの表をご覧ください。今後10年間の皆さんの資金の過不足を知るための表です。収入と支出を書き込んでください。真剣に考えないで、大ざっぱにとらえてください。

まず、収入です。毎年どれくらいのお金が手取りで入ってくるのか、大まかな予想を立ててください。サラリーマンの方は、昇進や昇格の度合いが読めない方が多いでしょうが、結構堅めに予想してください。

資金過不足表（簡略版）

	収　入	支　出	収　支	金融 資産残高
2008年	万円	万円	万円	万円
2009年				
2010年				
2011年				
2012年				
2013年				
2014年				
2015年				
2016年				
2017年				

次に支出です。こちらは、まず現在の支出を把握して、今後の子供の成長などを考慮して書き込んでいってください。

最後に、現在の預金や資産運用残高を書き入れてください。現在の預金などの残高に各年の資金過不足（収入－支出）を加味したものが、各年における皆さんの資産残高です。資産残高については、1％程度の運用益を見込んでもかまいません（資産残高に毎年1％の金利がつくと考え、その分資産残高を増やします）。

10年間で見た結果は、どうでしたか。「思ったほどお金が残らない」という方もいれば、「思ったより貯まる」という方もおられるでしょう。一般的には、「思ったより少ない」という人のほうが多数派ではないかと思います。現実問題として、お金はなかなか貯まらないものです。

これで、資金過不足表の簡略版ができあがりました。

エクセルの「資金過不足表」の作り方

皆さんは、パソコンで表計算ソフト「エクセル」を使えますか？　使えるなら今度の休みにでも、今後の人生の資金の過不足表作りにチャレンジしてみてはいかがでしょう。簡略版よりも、もう少し詳細な過不足表です。といっても、身構えないでください。エクセルに慣れている方なら1時間程度でできるはずです（エクセルを使えないなら、電卓でも表を作成することはできます）。

まず、A、B、C……の各列に西暦年を入れます。1、2、3……の各行は、収入や支出の内訳にあてます（102・103ページに作成例を載せてありますので、それに沿って作り方を説明しましょう）。

西暦年の下に、その年の自分の年齢を記入してください。その下に、すでに決まっている家族の予定（子供の進学など）や、予想できる出来事（持ち家の購入とか管理職への昇進など）を書き込みます。持ち家の購入には頭金などまとまったお金が必要ですから、書き込んでおけば心の準備ができます。

内訳は、少し詳細に作っていきます。収入は、もし奥さんがパート勤めをしていれば、自分の収入を「給与所得1」、パート収入を「給与所得2」などと名付けて、書き込んでください。

支出のほうは、基本的な「生活費」、「住居費」（賃貸の場合なら家賃、持ち家を取得していれば住宅ローンと固定資産税をひとくくりにして考えましょう）、子供の「教育費」（公立か私立かでかなり違います。高校や大学入学などでは、入学金など臨時の一時金が必要になります）、車の購入・維持費である「車関係費」、旅行などの「娯楽費」などに分けて、大まかな費用を記入していきます。生活費などは、インフレやライフステージも考えて、徐々に増えていくと考えてください。不意の出費のための「予備費」も忘れないでくださいね。

資産残高も、第1部で学んだ考え方を取り入れて作成することをお勧めします。すなわち、全資産を「守るお金」と「攻めるお金」に振り分けて、それぞれに自分が適当と思う利回りも想定して、いくら貯まっていくかを計算していくのです。

エクセルのシートなら、毎年の資産残高の計算も簡単にできますね。1年前の資産残高に想定する運用利回り（%）をかけたものに、今年の過不足金を足し算引き算すればよいのです（運用利回りを変数にすれば簡単ですね）。

また、想定利回りですが、「守るお金」のための確実な運用なら現在では1%程度で考えるのが無難です。しかし、「攻めるお金」はそれより高めの運用を想定してもかまいません。といっても、各年ごとの「ブレ」も想定しなければなりません。「10%」の目標を立てても、ある年は達成できても、次の年はマイナス10%となるときもあります。あれこれ考えるのが面倒なら、3%程度を想定してください。

D	E	F	G	H
2010	2011	2012	2013	2014
37	38	39	40	41
課長昇進	長女中学			住宅購入
700	710	720	730	740
90	90	90	90	90
10	10	10	10	10
7	7	7	7	7
1	5	7	10	12
808	822	834	847	859
320	330	340	350	350
180	180	180	180	0
0	0	0	0	200
50	100	100	100	100
100	100	100	100	100
15	15	15	15	15
20	20	20	20	20
685	745	755	765	785
123	77	79	82	74
865	942	1021	1103	177
700	700	700	700	177
165	242	321	403	0

（単位：万円）

資金過不足表(エクセル版)

	A	B	C
1	西暦	2008	2009
2	年齢	35	36
3			
4	特記事項		
5			
6	給与所得1(手取り)	600	610
7	給与所得2(手取り)	90	90
8	その他	10	10
9	「守るお金」運用益	2	7
10	「攻めるお金」運用益	0	0
11			
12	収入合計	702	717
13			
14			
15	生活費	300	310
16	家賃	180	180
17	住宅ローン・固定資産税	0	0
18	教育費	50	50
19	娯楽費	100	100
20	車関係費	15	15
21	その他	20	20
22	支出合計	665	675
23			
24	資金過不足	37	42
25			
26	年末残高	700	742
27	(うち「守るお金」)	700	700
28	(うち「攻めるお金」)	0	42
29			
30	運用利回り(守るお金)	1%	
31	運用利回り(攻めるお金)	3%	
32			

どうですか、家計もこうやって計画を立てていくと、なかなかに「戦略的」ですよね。

一生のキャッシュフローも計算する

これで皆さんは、エクセルでの「資金過不足表」を作れるようになりました。それでは、いったいどのくらいの期間の過不足表を作ればいいのでしょうか。

人生80年時代の昨今です。生涯のお金をコントロールする感覚を持つことが大切なので、できればリタイア後の数字も入れていってください。エッ、老後の年金額が分からないですって？　ご心配なく。サラリーマンが加入している厚生年金の平均的な受取額は夫婦2人で月額約23万円とされていますが、加入歴によって人それぞれです。大ざっぱに計算できる簡便法を左ページに載せておきましたので、役立ててください（企業年金がある人は、それにプラスします）。

引退後の支出も現在の生活費をベースに想定してみてください。生命保険文化センターの調査によると「ゆとりある暮らしをするには夫婦で月額約38万円」が必要とされますが、こちらも生活の仕方によってかなり違ってきます。また、「いつまで生きるかが分からない」という問題もありますが、平均寿命程度、男性で80歳、女性なら90歳近くまで生きる

老後にもらえる年金を計算しよう

老齢基礎年金額の目安

支払った年数

2万円 ×［　　　］年 ÷12

＝［　　　］円Ⓐ

月々もらえる年金

老齢厚生年金額の目安

平均年収
（百万円単位）

厚生年金の
加入年数

［　　　］百万円 ×5481×［　　　］年 ÷12

36〜38歳ぐらいの年収が目安。
700万円の場合
→「7」と記入

＝［　　　］円Ⓑ

月々もらえる年金

会社員の月々の老齢年金 ＝Ⓐ＋Ⓑ［　　　］円

＊「週刊ダイヤモンド」2008年4月12日号から

と考えたほうがいいでしょう。ちなみに現在、60歳の人の平均余命（あと何年生きられるか）は、男性が22・09歳、女性が27・66歳です。

資金不足が予想される場合の対処法

一生のキャッシュフローの状況が分かれば、資金が不足する時期がないか確かめましょう。

「リタイア前のある期間」に資金不足になる場合には、売却する資産がある場合を除いて、収入を増やすために副業するか、生活のパターンを変えたりして支出を切り詰める必要が出てくるでしょう。いわゆる、家計リストラですね。

厄介なのは、「老後のある時点」で資金不足に陥る場合です。この場合、引退段階で持っている資産を殖やそうと思って、高い利回りで運用できると仮定するのは危険です。「5％」を恒常的に実現するのは、とても難しい。それに応じた変動リスクを考えなければならないからです。この場合も、引退までの貯蓄額を増やすか、引退前、引退後の生活パターン、特に支出を見直す必要が出てきます。

家計の見直しを定期的に行なうことはとても大切なことです。結構ムダなものにお金を使っている場合が少なくありませんから。そういうムダを洗い出せるのも、この資金過不足表を作る一つのメリットです。

一番良いのは、若いうちから貯蓄（もちろん投資でもよい）の習慣を作ることです。収入のうちの一部を将来のために蓄える習慣、と言ってもいいでしょう。こういう「癖」をつけておくと、生活を見直すきっかけがつかみやすくなります。現在をおおざっぱに生き、将来を考えないでいて、お金が貯まっていくなどということは、よほど収入のある人でなければ不可能です。

先にも述べましたが、**将来をあらかた予想して、自分で自分の人生をコントロールしているという感覚というか、確信を持つことです。**そうすることにより人生に自信が持てるようになります。

個人版のバランスシートも作ろう

バランスシート（貸借対照表）などと言い出せば「難しい」と思う人がいるかもしれませんが、「個人版」のバランスシートを作るのは簡単です（逆に個人版を作れば、企業のバランスシートも読みやすくなります）。

左ページの表をご覧ください。左側が「資産の部」で、預金や株、債券などの金融資産、自宅や投資用の不動産（時価ベース）などを書き込んでください。右側は「負債の部」と「純資産の部」ですが、負債の部には住宅ローンや教育ローンなどの借入れを書いてください。今あるローンの残高です。資産の部の総額から負債の部の総額を差し引いたものが、純資産、つまり、皆さんのネットでの資産、お持ちの資産の純額です。

いくらありますか？　まだ若い人は、現在は少なくとも全然心配ありません。

安心した生活を送るにはネット（正味）の純資産がある程度必要ですが、それだけでは不十分です。ポイントは「現金化できる資産」がいくらあるかです。時価で1億円の純資産があるからといって、それがすべて「自宅」の価値なら実際はそれを使うことはできません。もちろん、自宅を担保にお金を借りることはできますが、定期的な収入がなければ借りたお金を返済することもできません。

そうした意味で、ネットでの金融資産がどれだけあるか、特に子供の進学や家を購入しようとしている場合には、購入時とリタイア時の金融資産の残高が重要になります。

エクセルで作った一生の資金過不足表の数字を参考にしながら、現在および引退予定時のバランスシートを作成してみることをお勧めします（若い方なら10年ごとくらいのバラン

個人版バランスシート(BS)を作ろう

年　　　月　　　日現在

(資産の部)…時価ベース		(負債の部)	
金融資産		**住宅ローン**	
現金		**教育ローン**	
預金		**その他**	
・普通預金			
・定期預金			
投資信託			
国債、MMF		負債合計	
株式			
その他		(純資産の部)	
住宅			
・居住用		「資産合計」－「負債合計」	
・投資用		で計算	
その他			
資産合計			

スシートを作ってみてください）。

仮にリタイアの時点で住宅ローンが残っているとなると、それは結構リスクがあると思ったほうがいいでしょう。

自分が死んだ場合の「第2のバランスシート」も必要

実はバランスシートは、もう一つ作る必要があります。この「第2のバランスシート」は、いわば、「オフバランス（バランスシートに載っていないこと）」も加味したものです。

あまり想定したくないかもしれませんが、第2のバランスシートとは現在、あるいは将来のいずれかの時点で自分が死んだと仮定した場合のバランスシートです。先に作ったバランスシートに、自分がもし死んだ場合に、その時点から将来に家族が必要となる資金を負債に書き込むのです。

毎年どれくらいの額が、何年間必要かを想定して計算していきます。お子さんが小さいと、結構大きな額の負債になりますね（子供さんが18歳までの場合は遺族基礎年金、年額79万2100円（プラス子供1人当たり約22万7900円）が出ます。厚生年金に加入しているサラリーマンの場合には遺族厚生年金も支給されます。遺族厚生年金は加入年数や報酬額によって異なりますが、大体年額100万円程度です。ネット上でシミュレーションができますので、興味のある方はグーグルなどで「遺族厚生年金」で検索してみてください)。

住宅ローンで住宅を購入している場合には、たいていの場合はローン保険でカバーされていますから、住宅ローン残高は気にしなくていいケースがほとんどです(もちろん、住宅という資産は残りますので、ご安心を)。

お子さんが小さい場合には、かなり大きな「マイナスの純資産(純負債)」(資産から顕在化した負債を引いた額でマイナスの部分)が発生すると思いますが、これは生命保険でカバーしておかなければなりません。さらに、純資産がかなりプラスであっても金融資産がなければ、結局は家を売って現金を得るしかない事態に陥ることにもなりかねません。ですから、必要な「資金」を計算して、それをカバーするように生命保険をかける必要があります。もちろん年齢が上がり将来の必要資金が減ってくれば、それにつれて保険額も減額していきます。

テクニック3

バランスシートに限らず会計に興味がある人は、拙著『「1秒!」で財務諸表を読む方法』(東洋経済新報社)をご参照ください。企業会計のみならず、マクロ経済についても説明しています。

将来の「資産内訳表」を作り計画を立てる

資金過不足表、バランスシート(第1と第2の両方)ができたら、皆さんの年齢にもよりますが、「5年後」、「10年後」、「15年後」、「20年後」、「引退時」などでの「資産内訳表」を作っていってください。難しい作業ではありません。先に作っていただいたバランスシートの左側の「資産の部」の内訳のことです。預金、投資信託、REIT(不動産投信)、株式、不動産などが、それぞれどれぐらいあるかの内訳です。

これまで述べてきたように、「守るお金」は預金を中心に、それ以上の「攻めるお金」は株式などに振り向けます。それぞれがその時点でいくらずつあるのかを確認してください(もちろん将来のことは予想です)。金融商品の選び方が分からなければ、「守るお金」と「攻めるお金」だけの分類でもかまいません。

繰り返しますが、自分の人生をコントロールしている感覚が大切です。今は資産が少なくても、貯めて、それを一部運用して資産を増やしていけばいいのです。そして引退後は、できれば年金と配当や金利で、それが難しい場合にはそれまでに貯めた資産を少しずつ取り崩しながら、経済的にも精神的にも自分なりに「豊かな」生活を維持していくように計画を立てるのです。

そのためには、「行き当たりばったり」では絶対にだめです。また、過度に楽観的になって「お金に稼がせるのなんて簡単さ」などと思ってもいけません。何度でも言いますが、金融機関のプロの投資家でさえリスクの取り方を間違えるとやられるのです（実際、やられています）。逆に言えば、リスクの取り方さえ間違えなければ、自分で稼いで、貯めて、あるいは運用したお金で、稼いだ分に見合った幸せな生活を送れるのです。

余ったお金か必要なお金か、今か将来か

ここまでのまとめを少し余談ふうに書いてみます。読みながら復習してください。

先日、タクシーに乗って運転手さんと話していたら（私はたいてい運転手さんと話をします）、「娘には公立高校に受かってほしい」と切実におっしゃっていました。第2志望の私

立には合格しているとのことですが、今の所得なら第1志望の公立に入ってくれないと生活がしんどいとのことです。

私も同じ年頃の娘を持っているので、この運転手さんのお嬢さんが公立高校に合格することを心より祈っているとお伝えしました。

人生にはどうしても必要なお金と、余ったお金があります。それも分類して考える必要があります。今必要なお金と、将来必要なお金、今余っているお金と、将来も余っているお金です。

今余っていて将来もお金に余裕があると考えられる人は、少々使っても大丈夫でしょう。そういう人は、結構「自由に」運用を行なえばよいのです。

難しいのは、今は余っているが、将来必要となるお金でしょう。先ほどのタクシーの運転手さんではありませんが、将来の子供の学費、老後の資金などです。その時点で存在しなければ、どうにもならないお金です。でも、現在は生活に余裕があり、余っているのです。

皆さんならどうしますか？

これは時間との関係で判断が異なります。必要となるのが20年や30年後とかなり先で、また、その間もある程度収入を見込めるのなら、リスクを取った運用ができます。少しの失敗なら、他の運用あるいは稼ぐことで取り返すことができるからです。「攻めるお金」ですね。

しかし、運用期間が短い場合には結論は違います。「数年後には必要なお金」などといった場合には、確実に運用するしかありません。「守るお金」です。5年後に子供の受験に100万円かかるのなら、それを5年後に確保することが絶対条件になります。ぎりぎりでしか貯まらないのなら、預金や個人向け国債が一番でしょう。それ以上に貯まるのなら、100万円を預金で確保した上で、その余りをリスク商品に振り向けるのが賢明です。過去の統計で利回りが良いからといってリスク商品を買って、受験時にお金が足りなくなる、というようなことは絶対に避けなければいけませんよね。

もう一度、大原則を確認しておきましょう。

「(1)自分の年齢や収入を考えて、将来リカバリーできる可能性があるくらいの期間が残されていれば、投資に少々のリスクは許容できる。(2)-1 5年などといった期間でリカバリーするのが難しく、かつ、将来確実に必要なお金は確実な運用をする。(2)-2期間が短くても余ったお金は自分のリスク選好に合わせてリスクを取る」

これがすべてです。その大前提として、くどいほど説明しているように、将来どれくらいのお金が入ってきて、どれくらいのお金が出ていくのか、概数でいいので計算しておくことが大事です。

私は経営コンサルタントが本職です。企業も家計もそうですが、出て行くお金はほぼ予想通りに出て行きます。入ってくるお金のほうが当然、変動が大きいのです。

これで第一部を終わります。第一部では経済や金融の基礎的な事柄に触れながら、「貯蓄から投資へ」が本当に正しいのかということを考え、さらには皆さん自身の資金の過不足をバランスシートを作っていただくことで考えてもらいました。金融や経済の、ごく初歩的な「雰囲気」を感じながら、ご自身の「守るお金」はどうすればよいのか、「攻めるお金」はどれくらいあって、それをどう運用していけばよいのかという判断はできるようになったと思います。基礎的な勉強はこれで十分です。

それではこれからは実践編ということで第二部に入っていきたいと思います。「守るお金」、「攻めるお金」のそれぞれの運用方法や、個々の金融商品がどういうメカニズムで動いているのかを説明します。金融や経済についても、もう少し突っ込んで考えてみます。

ご自身のライフステージ、ライフスタイル、価値観をベースにして、読み進んでいってください。

この章のポイント

・自分の人生を金銭的に自分でコントロールしているという感覚を持つこと。そのために、家計の収支を予想する。

・資金の過不足表を作ろう。「エクセル」などの表計算ソフトを利用すれば、一生分のキャッシュフローが把握できる。

・個人版バランスシートは「生きている場合」と「自分が死んだ後の家族の生活を考える場合」の2種類が必要。

第二部

お金を殖やす技術

第6章　「投資の達人」への3ステップ

元金が多いほど、期間が長いほどお金は殖える

ここからは、「お金を殖やす技術」について説明しましょう。まずは総論です。

第一部の「お金を知る技術」で皆さんは、一般的な投資のことが分かり、金融・経済の雰囲気も少し味わいながら、ご自身の価値観や将来のキャッシュフローについても確認して、自分の資産のうちどれが「守るお金」で、「攻めるお金」はどれぐらいあるのかを把握することができたと思います。

さて、まず今、「守るお金」しかなくて、持っているお金を1円も減らしたくないという方はどうすればいいでしょうか。第一部で学んだように、この場合は預金や国債など確定利回りの商品で運用する以外にありませんね。

これは、全然悪いことではありません。確定金利商品以上の運用利回りを期待することはできませんが、現在ではこうした商品の中でもデリバティブ（金融派生商品）の仕組みを使って、元本を保証した上で（運が良ければ）通常の確定利回り商品より高い利回りを狙える商品が出てきています（具体的な商品については、第8章で取り上げます）。

「守るお金」しか持っていないなら、お金を殖やすことは難しいかもしれません。しかし、

リスクを取りたくないという個人の性格から、「余裕資金があってもすべて預金で運用したい」という投資法を私は否定しません。第一部でも説明したように、それは価値観の問題だからです。

一方、「攻めるお金」が多ければ多いほど、お金を殖やすチャンスも大きくなります。

こうしたことを考えると、お金を殖やしたいと思うのなら、余裕がなくても、まず「攻めるお金」を少しでも確保していくことから始めることが大切になります。「元金」を作るのです。

「攻めるお金」とは、資金的あるいは時間的な余裕のあるお金でしたね。とすると、**「攻めるお金」が多ければ多いほど、そして投資開始が早ければ早いほど、お金を殖やすチャンスはより大きくなります。**最初の元金が10万円と100万円とでは、30年後に同じ20倍になったとしても、200万円と2000万円と10倍も差が出てしまいます。

ただし、初心者の方はいきなり大きな投資をしないでください。まず投資というものに慣れてから、投資額を大きくしていくことです。何事も最初からはうまくいきません。世の中には「ビギナーズラック」というものもありますが、決して長続きするものではありません。投資の腕を上げるには順序が必要です。早く慣れて、初心者から、中級者、上級者へとステップアップしてください。

初心者と中級者、上級者では運用の仕方が違います。ゴルフでも初心者と上級者ではコースの攻め方が違いますが、それと同じです。

第1ステップ→金融商品を体感しながら勉強する

初心者の方は、自分にとってそれほど大きくないお金（例えば10万円ずつくらい）でいくつかの投資信託や外貨預金を購入し、1年間くらいは少し損をするぐらいの覚悟で、金融商品を体感しながら「勉強する」ことから始めてみてください。初心者のうちは、少額から始めて分散投資をすることが大原則です。


「守《しゅ》・破《は》・離《り》」（教えを守り、工夫し、自身で発展していく）という言葉がありますが、初心者は原則を「守る」ことが何より大切です。まずは感覚をつかんでください。ゴルフなどのスポーツと同じで、基本を学んで練習し、自分で「体感」することが大切です（その場合でも本書をまず最後まで読んで、金融商品の基礎的な勉強をしてからにしてください）。

金融商品を体感することで、自分なりに「これなら、うまくいきそう」と思う金融商品を見つけていくのです。

投資判断の考え方

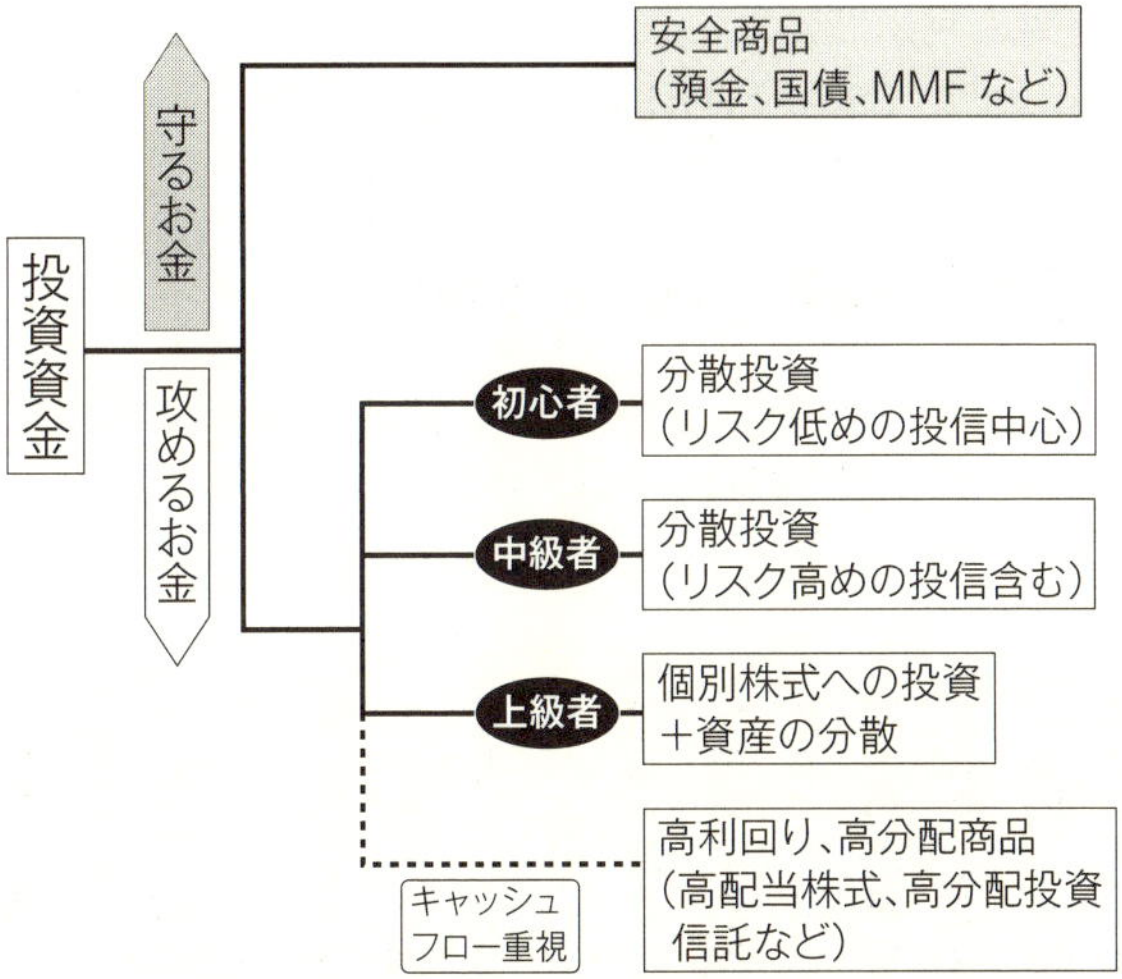

また、リスクとリターンのバランスを考えながら投資することも忘れないでください。

初心者のうちは、リスクを分散するのに投資信託を活用するのもよいでしょう。具体的には、国内債券、海外債券、国内株式、海外株式などにバランスよく配分したような「バランス型」の投資信託などです。個人で国内債券、海外債券、国内株式、海外株式にそれぞれ分散投資するのは難しいですが、投信なら少額で分散投資の効果を得られます。

もともと国内株式などをお持ちの方は、国内株式比率の少ない投信や

商品先物指数とほかの資産との相関性
(期間1996年〜2007年)

	S&P 500	日経平均株価	米国債	日本国債	米国CPI
CRB指数	0.26	0.09	0.00	0.07	0.78

CRB指数(商品先物指数)は国際商品の代表的な指数。相関性の値が1だと完全に連動する。株や債券とはほとんど連動しないことが分かる。

＊「日経マネー」2008年5月号から

外貨預金などを買うことで分散投資を行なうこともできます。

また、値動きが連動しない(専門用語では、これを「相関が小さい」と言います)金融商品をそろえることで、リスクを分散する方法もあります。上の表をご覧ください。商品先物指数(CRB指数)が、ほかの資産とどういう相関性があるのかを示したものです。数値が小さいほど相関性が低いのですが、商品先物指数は株や債券とほとんど連動しないことが分かります。つまり、資産の一部に「商品」(コモディティ)を組み込んでおけば、株や債券が値下がりしたときに資産全体への影響を和らげることができるのです。

あまり欲張らずに、確定利回り商品より少しだけ高い利回りの運用を狙ってください(といっても高い利回りを狙いたくなるのは人情ですから、価格変動の大きな投信や外貨預金などを勉強のつもりで買ってみるのも少額ならOKです）。

ただし、当たるか当たらないかは運任せかもしれませんが、そういう商品を買う際には、第一部から勉強している経済や金融の知識を活用して、自分なりの仮説を立ててから運用を始めることを心がけてください。行き当たりばったりでは、いつまでたっても腕は上がりません。仮に自分の読みが外れたとしたら、どこが間違っていたのかを検証してみることです。そうした作業を地道に続けていると、仮説の精度が上がっていくはずです。

投信を買う場合は、説明書やできれば目論見書《もくろみしょ》も読んでください。勉強のためです（面倒くさいと思ったら、もう一度、バフェットの言葉を思い出してください。「天と同じく、市場はみずから助くるものを助く。しかし、天と違って、市場は右も左もわからぬものを許さない」でしたね）。

さらに、皆さんがお持ちの運用資産全体のバランスも考えます。

資産を安定的に大きく殖やした人の投資パターンを見ていますと、バランスを保って運用されているパターンがほとんどです。

例えば、預金、国債などの安全資産が3分の1、株式や外貨預金（株式運用が外貨資産中心の投資信託も含みます）などのリスクのある金融資産が3分の1、そして今住んでいる家を除く不動産や金などの実物資産（同じく、それらで運用している投資信託も含みます）に3分の1といったような分散投資です。株式などの資産が価格上昇により全体の中での比率が増えたら、一部を預金や実物資産に回すなどしてバランスを維持しながら投資をしていくという手法です。

初心者の方は、株式や実物資産の詳しい内容を自分で判断するのは難しいでしょうから、実績の高い投資信託などを利用するのがお勧めです（投資信託の活用方法については第9章で解説します）。

リスクとリターン、標準偏差も覚えよう

一般的には「低リスク・低リターン」、「高リスク・高リターン」が絶対です。リスクとリターンを考えて分散投資することで、リスクを抑えながらリターンを確保することができるようになります。

ここで投資対象別にリスクとリターンの関係を見ておきましょう。

「国内債券」は、リターンは低いですがほとんどリスクはありません。「海外債券」は、金利が日本より高い分リターンが期待できますが、半面、為替リスクがありリスクも高く

「リスク」と「リターン」の関係

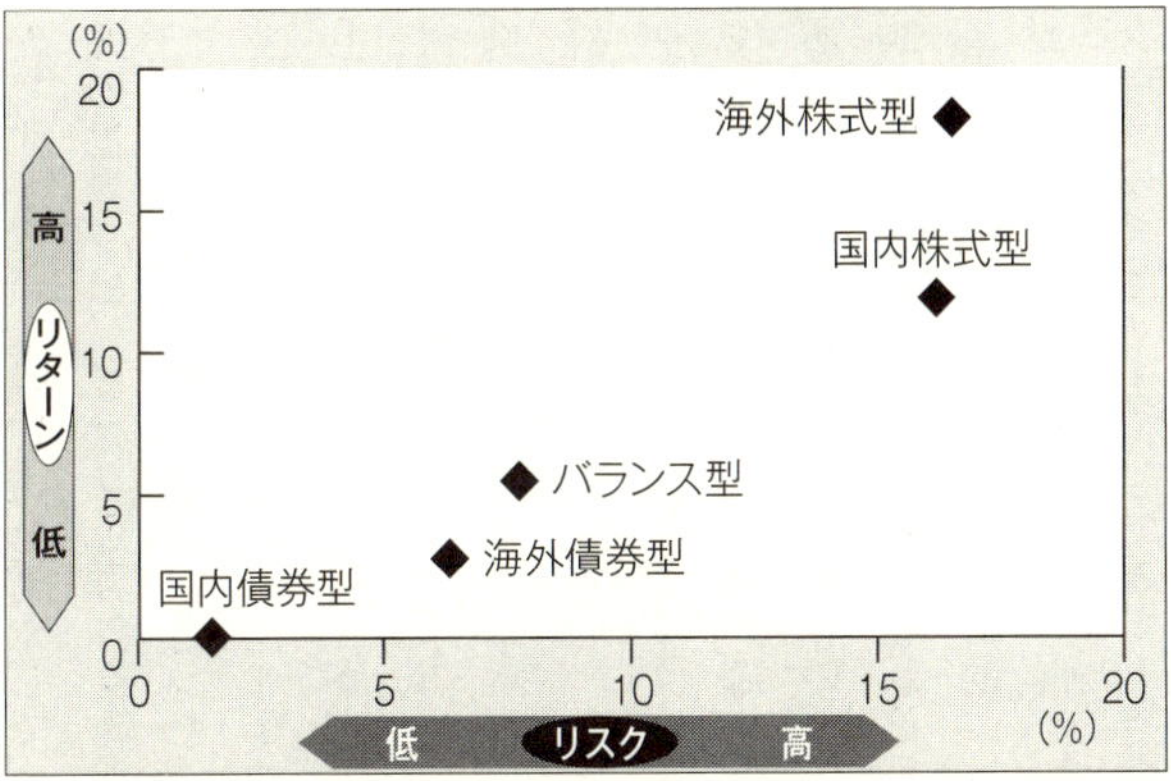

（注）QUICK・QBR調べ。データは2008年5月末時点。過去5年間のR&I分類による投資指数のリスクとリターンの関係。リターンは5年間騰落率を年換算、一部「為替ヘッジあり」を含む

＊日本経済新聞2008年6月15日付「投資入門」から

なります。「国内株式」には価格変動リスクがあります。「海外株式」は、国内株式と同様の価格変動リスクがある上に為替変動もあるという二つのリスクが存在します。

こうやって整理すると、国内債券、海外債券、国内株式、海外株式の順で、期待できるリターンも高いがリスクも高くなる、という構図になります。

ここまで何度も「リスク」という言葉を使ってきましたが、金融の世界でいう「リスク」をここで定義しておきましょう。第二部は

実践編ですから、金融知識を増やしていきましょう。

金融の世界では、**リスクとはリターンのばらつきを言います。**すなわち「標準偏差」のことです。中学や高校の統計で習ったことがあると思いますが、もう忘れていますよね。

金融では、一般的に「1標準偏差＝1σ（シグマ）」をリスクと言っています。

少しややこしいかもしれませんが、大切な概念なので言葉と結論だけを覚えてください。

左ページの表をご覧ください。正規分布をする場合には、1σ以内に入る確率は約68％です。例えば、リターンの平均が年率5％、リスク（標準偏差）が7％と表示されている投資信託があるとします。この場合、68％の確率で、ということは10年のうち約7年はリターンが12％（5％＋7％）からマイナス2％（5％－7％）の範囲内に収まるということになります。逆に、それに入らない確率は約32％ですから、10年のうち3年くらいはそれ以上、あるいは、それ以下になるということです。「プラス12％以上になる」、あるいは「マイナス2％以下になる」確率はそれぞれ16％ですから、6年に1度くらいの確率でプラスやマイナスが大きくなる年が統計的にはあり得るということです。

ちょっと難しかったですか？　いずれにせよ、「リスク（σ）」を見たらリターンにそのリスクをプラスマイナスしてみて、その範囲内に10年のうち7年は入るが残りの3年は入

リターンの分散(=リスク)

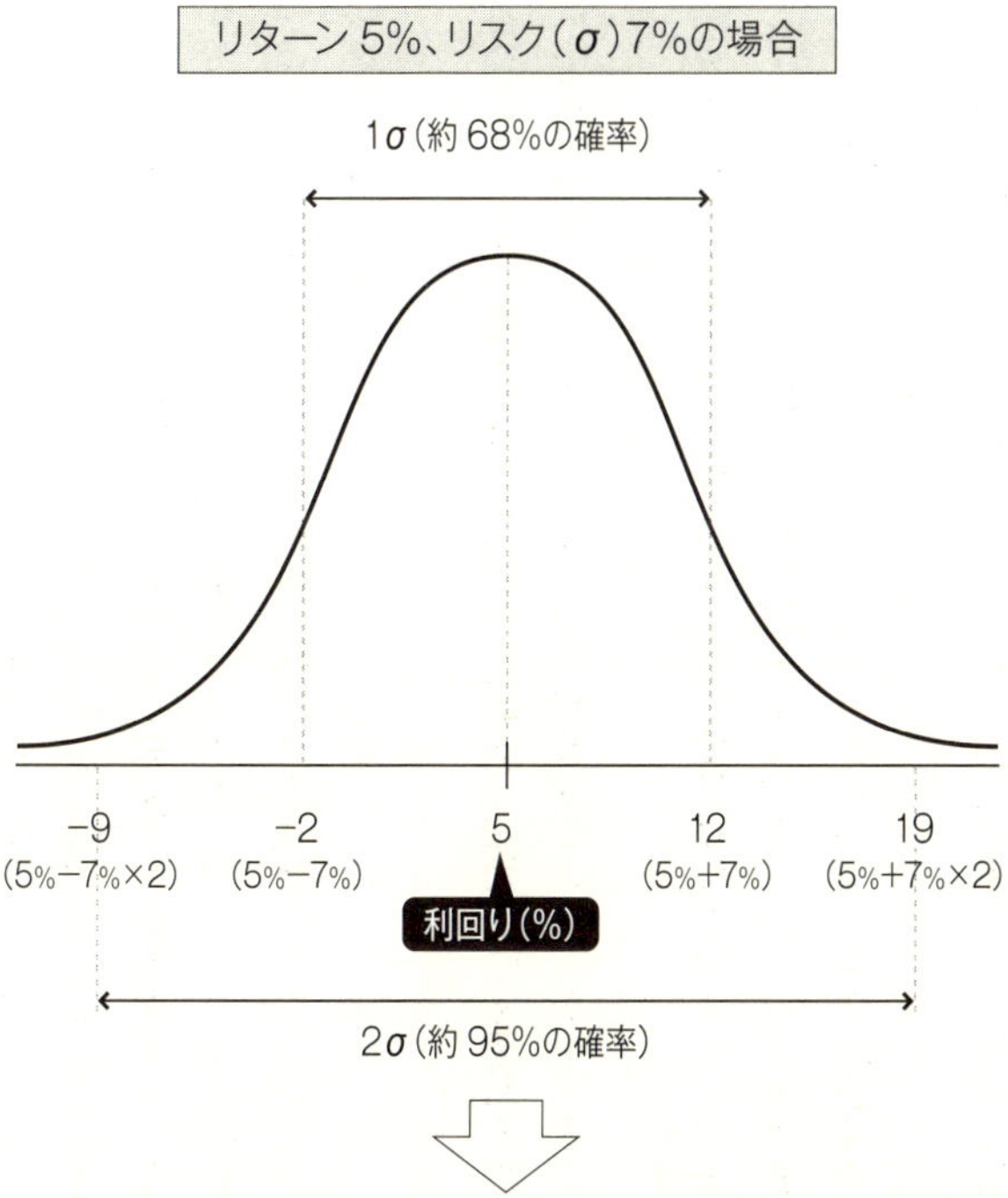

・約68%の確率で、リターンが12%〜−2%の範囲内に収まる
・約95%の確率で、リターンが19%〜−9%の範囲内に収まる

らない、とざっくり考える癖をつけるようにしてください。

もう一つ、これは簡単な数学ですが、「72の法則」というものもあります。これは、「複利で運用した場合、72を利回りで割った年数で資産が倍増する」というものです。すなわち、6％の利回りだと元金が倍になるのに12年（72÷6）、3％だと24年（72÷3）かかるということになります。どうですか、利回りの差というものが大きく影響することがお分かりになると思います。

第2ステップ→より高度なリスク商品にも挑戦、「歯止め」を忘れずに

次は中級編です。ある程度の分散投資ができていて、かつ、そこそこの運用実績を確保できるようになった人が中級者です。

安全資産、リスク資産、実物資産などに分散投資ができていたとしても、運用利回りがずっとマイナスという方は中級者とはいえません。こういう方はまだ初心者の域を出ていません。ゴルフでも、長くやっているからといってスコアが良くならない人は、中級者でなく初心者ですね。それと同じです。

運用実績をあげられるようになったら、投資するリスク資産や実物資産の中身を見直し

ていきます。もうこのレベルになれば、投信の内容はもちろん、その他の金融商品の内容も十分に分かっているはずです。

経済の大きな流れを読みながら、興隆するBRICs（新興大国のブラジル、ロシア、インド、中国）の株式で運用する投信を買ったり、コモディティ（商品）投信でも値段が上がっている原油や金の比率の高いものを選んだりするなど、高度な見極めが必要な商品をリスク資産の中に組み入れていきます。これらの投信は信託報酬などの手数料も高いですが、より高いパフォーマンス（利回り）を期待することができます。

また、投信だけでなく個別銘柄の株式を買うのもよいでしょう。

ただし、その場合でも大切なことは、自分の価値観や投資方針に合わせて、自身のポートフォリオの一定部分は必ず安全資産で確保しておくことです。一つはリスク分散の観点からで、もう一つは相場が下げたときを狙って買う（押し目買いをする）ための予備資金を残しておくためです。それに、安全資産があると精神的な安定感が得られるのも効用の一つです。

さらに加えて、無茶な運用に歯止めをかける効果も大きいように思います。何らかの歯止めを持っていないと、儲かるときには儲かりますが、失敗するときにはすべてを失ってしまいます。初心者のときには慎重だった人でも、少し儲かり始めたときが一番危ない。株式などリスク性の高い資産にのめり込み、全財産をなくしてしまいかねないのがこの段階です。

投資には、歯止め、ディシプリン（教義）が絶対に必要です。自分なりの基準を持ちつつ高度な商品にも挑戦し、リスクを取っていく体験を重ねつつ、より高い利回りに挑戦するのがこの段階です。

第3ステップ→「会社の目利き」になって株式投資

中級者は、リスクの高い投資経験を積みながら、会社を見る目を養っていきましょう。**本当に高いリターンを得られるのは、「会社の目利き」になって、将来的にも伸びていくと思われる会社の株式に長期的に投資することです。**会社の将来の価値を見極めて、割安なときにその会社に投資するのです。

もちろん鋭い「目利き」のファンドマネージャーが運用している投資信託を買う手もありますが、投信の場合は自分で投資銘柄を選ぶことはできません。自分で選んだ、これという会社に長期的に投資するのが最もリターンを得られます。

一般的には「高リスク・高リターン」が金融の大原則で、分散投資をすることでリスクを分散させながらリターンを高めるのが最良の方法とよくいわれます。たしかに一般論ではそうなのですが、それでは、自分の財産を何十倍にも増やす飛躍的な利回りは得られません。本当に資産を殖やすには、リスクはありますが個別銘柄の株式を長期投資で買うことです。非常に高いリターンが得られる可能性があります。

一代で巨額の富を築き上げた人の大半は、ビル・ゲイツのように自分で会社を創業し、その株式の価値が上がったか、あるいはウォーレン・バフェットのように株式投資で大成功を収めたか、どちらかです（先述したように、私が仲間と投資ファンド（バイアウトファンド）をやっているのは、会社の経営権を取得して長期的にその会社をより良い会社にして価値を高めることが、結果的に最も高いリターンを得られると考えているからです。しつこいようですが、私が関わっている投資ファンドは敵対的買収はしません。しても高いリターンを日本では得にくいことを知っているからです）。

一般の方は投資ファンドを自分たちで運営するのは難しいでしょうから、上場株に投資することで、それに近い結果を得ることが可能になります。会社を見る目を養えばリスクがゼロになるとは言いませんが、リスクをある程度抑えながら株式の値上がりによる高いリターンを得ることができます。

ただし、会社を見極めるのは、それほど簡単なことではありません。投資のタイミングも難しく、個人としては大きなお金を動かすことになりますから、かなりの度胸が必要になる場合もあります。

そういう投資ができるからこそ、上級者なのです。ただし上級者だからといって、全財産を株式で保有するなどというようなことは絶対にしないでください。初級編、中級編で述べた、資産のバランス配分を、ゆめゆめお忘れにならないように。

キャッシュフローを狙う手も

初級、中級、上級にかかわらず、ある程度のキャッシュフロー（現金収入）を定期的に得る目的の投資もあります。配当利回りの良い株式や投資信託、REIT（不動産投信）を買う、あるいは、賃料が入ってくる個別不動産を所有するといった場合です。第9章で取り上げますが、運用規模5兆円を超えた投資信託「グローバル・ソブリン・オープン」が人気なのも、定期的なキャッシュフローである「分配金」に魅力を感じる人が多いからです。

現在でも株式では3％を超える配当利回り、投信やREITならさらに高い利回りを得られるものがありますが、確定利回り商品より高い利回りを得られる可能性のある商品は必ず元本割れリスクがあるので注意が必要です。

定期預金や国債などの確定利回り商品の利回りが高くなれば、元本割れを心配せずにキャッシュフローが得られるのですが、当面は難しそうです。

この章のポイント

・「守るお金」は確定利回り商品での運用に徹する。
・「攻めるお金」が多いほど殖やすチャンスは増える。「元金」を殖やす努力を始めよう。
・「攻めるお金」については、3段階の投資法がある。
①初心者は、まず少しずつ投資信託や外貨預金などで分散投資を心がける。
②中級者は、より高度な投資信託を利用して自分なりのポートフォリオを充実させる。
③上級者でお金を殖やす意図が明確なら、現物株に投資する。気に入った銘柄への長期投資が基本。「会社の目利き」をめざそう。

第7章　まず「金利」を理解して味方につけよう

金利が分かれば経済、リバランスのタイミングが分かる

この章では、「金利」について比較的詳しく説明します。インフレやデフレ時にどのように対応するかを知る上でも金利は重要ですが、為替や他の金融商品をうまく活用するためにも、金利がどういうものなのかをしっかりと理解しておく必要があると考えるからです。

このところ世界的なインフレ懸念が指摘されています。長い間のデフレに慣れてしまって、インフレにどう対応すればよいか分からない方も少なくないと思います。この場合に大切なのは、インフレ率（物価上昇率）と金利（表面金利）の関係です。インフレ率に金利が勝てない通貨は為替が安くなりがちですし、インフレ率を補うほどの金利を確保できないということは景気が弱いということですから、株価などにも影響します。また金利がインフレ率に勝てない状況では、コモディティ（商品）が強くなりがちです。

第1章で述べたように、大きな景気の転換点は資産のリバランス（見直し）が必要になるときですが、このリバランスも金利とインフレ率、そしてそれに影響される為替レートなどの動向を見極めながら行なうことが大切です（42ページの図をもう一度、参照してくだ

さい）。

長らく低金利が続いていますが、低金利を嘆くよりも、金利が決まる仕組みや、今後金利が上がりそうなのか下がりそうなのかということを、判断する能力を身につけることが大切です。

表面金利ではなく実質金利を見る

数年前、読売テレビの「たかじんのそこまで言って委員会」という番組に金融関係の話題でゲスト解説者として出演したら（その番組は関東では放送されていなかったので、出るまで内容を知らなかった）、いきなり評論家のパネラーから「低金利で預金者は大変なのに、銀行はなぜそんなに儲けるのか！」と厳しい質問が飛んできました。

この番組はゲスト解説者を槍玉《やりだま》にあげるのが恒例だったようなのですが、番組を見たこともない私に、出演するまでそんなことが分かるはずもありません。でも、この程度の質問にひるんでいるようではコンサルタントは務まりませんので、何とかその20分間ほどは無難に切り抜けましたが（視聴率は20％を超えて、すごくよかった）、質問してきた評論家をはじめ多くの人には大きな誤解があります。

たしかに、当時（２００６年4月）は日銀の「量的緩和」が解除されて間もない頃で、まだ「ゼロ金利政策」（この後出てくる、日本の政策金利である「翌日物コール金利」を限りなくゼロに近づけるという政策）が残っていて、銀行の普通預金の金利は０・００１％程度と、あるかないか分からない金利でした。あれから2年余、この原稿を書いている現在（08年7月）でも普通預金の金利は０・２％程度ですから、いまだにあるかないか分からない程度の金利です。

しかし、この金利は本当に低いのでしょうか？

バブルピークの１９８９年には、１年物の定期預金金利は４％前後ありました。それに比べれば格段に低い数字であることは確かです。しかし、物価上昇率（インフレ率）を考えればそれほど低くないともいえます。

どうしてでしょうか。89年の消費者物価や卸売物価（物価には、消費者物価のほかに企業間で取引する価格の卸売物価（２０００年より企業物価に名称変更）があります）の上昇率が３％以上あったからです。預金金利が４％でも、物価上昇を加味して考えれば、実質的には金利は１％以下ということになります。

ここで実際の４％の金利を「表面金利」、物価上昇を加味した実質的な金利を「実質金

表面金利と実質金利

表面金利……実際の金利。銀行窓口などで
「年率○％」と提示されている金利

実質金利……（インフレの場合）
表面金利 − インフレ率

（デフレの場合）
表面金利 ＋ デフレ率

金利を考えるときは、実質金利で考えること

利」といいますが、このように**金利を考える際には、物価上昇率（下落率）を加味した「実質金利」を考えなければなりません。**

物価は上がるだけでなく、下がる場合もあります。消費者物価が下がる「デフレ」がそれですが、**物価が下落するということはお金の価値が上がることを意味します。**今まで100円していたものが95円に値段が下がれば、100円というお金の価値は上がりますね。実はインフレやデフレを考慮した上で預金金利を見ることが重要で、**預金やその他の金融商品が得か損かはインフレ率・デフレ率を考慮して決めることなのです。**表面金利だけで考えてはダメです。

「実質金利」と「表面金利」という二つの言葉を覚えてください。表面金利は、預金や国債な

どで「年率○%」というように提示されている金利です。一方、実質金利は、その表面金利からインフレ率を引いたものです。インフレ率分だけお金が目減りするからです。デフレの場合には、デフレ分を表面金利にプラスします。お金は使うときの価値が重要ですから、実質金利も十分に考慮して運用あるいは調達する必要があります。

デフレ下では預金は大変「お得」

このところどれくらいデフレが進んでいるかを見ていただくために、日本の国内総生産(GDP)の数字を見ていただきましょう。

GDPという言葉は皆さんもニュースなどで聞いたことがあると思いますが、ある期間に日本国内で作られた「付加価値」の合計です。こういうと難しく感じるかもしれませんが、簡単なことです。こう理解してください。付加価値とは、各企業での「売上高から仕入額を引いた数字」です。つまり、企業の中で新たに作り出された価値です。これを日本中合計したものがGDPです。企業では、付加価値から支払われるかなりの部分が給与ですから、GDP(特に1人当たりGDP)が伸びないと給料が上がらないということで、経済にとって非常に大切な数字です。

国内総生産（GDP）の推移

（季節調整済み・年率・兆円
カッコ内は成長率％）

	名目	実質 （00暦年連鎖価格）
2005年度	503.8（ 1.1）	540.7（ 2.4）
06年度	512.2（ 1.7）	554.1（ 2.5）
07年度	515.3（ 0.6）	563.0（ 1.6）
07年 4～6月	514.2（▲3.0）	559.0（▲2.5）
7～9月	514.6（ 0.3）	560.3（ 0.9）
10～12月	514.3（▲0.2）	564.4（ 2.9）
08年 1～3月	**516.7（ 1.9）**	**569.9（ 4.0）**

（詳しいことは経済の本に譲りますが、興味があれば拙著『ビジネスマンのための「数字力」養成講座』（ディスカヴァー・トゥエンティワン）を参照してください）

さて、そのGDPの数字です。GDPには「名目」と「実質」の二つの数字があります。「名目」は実額、そのままの数字で、「実質」はインフレやデフレを調整した数字です（先に見た表面金利と実質金利の関係と同じです）。

上の表の通り、現在の名目GDPは約516兆円（2008年1～3月ベース、年換算）、インフレ・デフレを調整した後の実質GDPは約566兆円で、約10％の違いがあります。実質の数字のほうが約10％大きいということは、どういうことか分かりますか？　これはこの間に、GDPのベースでは約10％のデフレが進んだことを表しています。つまり、お金の価値が10％高くなったのです。

もう、お分かりですね。表面的な金利がほぼゼロでも、実際には皆さんが保有していたお金はデフレ分だけ価値が上がっていることになります。タンス預金の現金でも同じです。デフレの時期はお金の価値はその分だけ上がっているので、「実質金利」がそれだけあったということなのです。デフレ下でも表面金利はゼロ以下にはなりませんから、実質的にはかなりの金利を享受していたのと同じなのです。しかも、元本割れのリスクなしに、です。

テクニック　4

日本経済新聞を購読されている方は、毎週月曜日の景気指標欄の4段目に「国内企業物価指数」、「消費者物価指数」が出ていますので、それらの前年比の数字に注目してください。それが、企業物価、消費者物価の上昇（下落）率です（実は、消費者物価指数のとなりに「輸入物価指数」も出ていますが、このところ輸入物価が大きく上昇しているので、それにも注意が必要です）。一般紙でも、経済面には物価上昇率などの数字が、政府から発表された直後に載っています（ごく小さい記事のこともありますが……）。それらを定期的に見て、物価上昇がどれくらいなのかということを把握しておくことが金利を知る第一歩です。

金利と金融政策をウオッチする基本事項

物価の上昇や下落を考慮した実質金利を知る重要性は、ご理解いただけましたか。それでは次に、そもそも金利はどうやって決まっていくのかという点に話を進めましょう。

「金利」というのは、お金に付いている「値段」です。値段ですから、物と同じで需要と供給の関係が当てはまります。すなわち、お金を借りたい人が多ければ資金が足りなくなるので金利は上がり、逆にお金を貸したい人のほうが借りたい人より多ければ資金余剰となり金利は下がります。

しかし、そう単純なことばかりではありません。今、ユーロ金利は高いのに円金利は低いですね。なぜでしょう。それは、国ごとに中央銀行が基準となる金利（政策金利）を決めているからです。

それでは、その政策金利はどうやって決まるのでしょうか。それは、大きく分けて、一つにはインフレの状況、そしてもう一つは景気の状況で決まります。各国の中央銀行はインフレ懸念が出てくると、金利を上昇させてインフレを抑えにかかります。景気が悪化すると、逆に金利を低めに誘導することにより企業や個人の金利負担を下げます。金利を低めにすれば、それはお金を借りやすくすることにつながりますから、同時に景気刺激も行えます。

さらに、日本ではあまりありませんが、その国の通貨への投資を促すために、金利を比較的高めに誘導する場合もあります。これも、なぜだか分かりますね。万国共通で、お金は金利が高いところに集まってくるからです。

このように**各国の金利は、①中央銀行が決める政策金利をベースに、さらに②資金の需給で決まる、**という構図になります。

中央銀行が決める政策金利は「短期金利」です。日本の場合ですと、主に銀行間で短期的な資金の貸し借りを行なう「コール市場」というプロの市場があり、その市場の中でも「翌日物《よくじつもの》（オーバーナイト）金利」、つまり銀行同士が1日だけ資金を貸し借りする金利の「誘導目標」を政策金利としています。現在（2008年7月）で0・5%です。

米国では、「FF金利」（フェッドファンド金利）という同様の金利の誘導目標があり、今FF金利は2・0%、ユーロの政策金利は4・25%です（同）。

テクニック 5

政策金利の誘導目標は、日銀の場合は政策決定会合で、米国の場合はFRB（連邦準備制度理事会）のFOMC（Federal Open Market Committee；連邦公開市場委員会）で決定されます。誘導目標が変更されたときは必ず新聞やテレビのニュースで報道されますから、忘れずにチェックするようにしてください。その結果を受けて、日本なら「コール翌日物金利」が、米国なら「FF金利」がすぐに誘導目標に沿って変化することも新聞でチェックしてください。日本経済新聞だけでなく、一般紙でも経済面に両方の金利は掲載されます。

日銀やFRBは、それらの金利を目標金利に近づけるために、市場に流通する資金量を調整する小刻みなオペレーション（市場操作）を繰り返し行ない、金利を調整しています。少し専門的になるので細かい話は避けますが、毎日、日銀は市中銀行が保有している国債を買って、その対価として資金を供給したり（これを「買いオペレーション」（買いオペ）と言います。銀行に資金を供給することでお金の流通量が増えますから、金利を低めに誘導したいときに使う手段です）、あるいはその逆で、日銀手持ちの国債を銀行に売却することで、市中銀行から資金を吸い上げたり（「売りオペレーション」（売りオペ）と言います。市場に出回るお金の量が減りますから、金利を、上げるときに使います）しながら、毎日のコール翌日物の金利を、基準としている金利に「誘導」しています。

また、短期金利と違って、中央銀行は長期金利をコントロールすることはできませんが、長期金利は誘導している短期金利がベースになってある程度は決まりますから、結果的に短期金利の動向に連れて長期金利も動くということになります。

テクニック 6

短期金利として「コール翌日物金利」（こちらは政策金利として誘導しているので毎日それほど大きく動かない）、長期金利として「10年もの国債利回り」（こちらは国債市場の需給の変化で比較的動きが大きい）、この二つの金利は新聞などで毎日チェックしておいてください。

国債の「利率」と「利回り」

さて、ここで質問です。2007年、サブプライム問題が発生したときに国債利回りは下落しました。なぜだか、分かりますか？

そもそも「利率」と「利回り」の違いを理解していますか。この違いが分からないと、問題の答えは分かりません。

「利率」は、国債を発行したときに額面に対して支払われるのが決まっている金利の額を言います。額面100円に対して金利が1円なら利率は1％です。

一方、「利回り」は、その時々のリターンを表します。というのも、国債は期日まで持てば必ず額面で償還されますが、期日前に売却しようとするとその時点のマーケットの需要と供給の関係で価格が変動します。「買い」が多ければ額面100円のものが102円に上がるなど価格が高くなりますし、「売り」が増えれば100円以下に価格が下がります。

例えば、「利率」1％（つまり額面100円に対して毎年1円の利息が支払われる）の国債の価格が上昇し102円になった場合には、「利回り」は0・98％まで低下することになります（102円で買って年に1円利息が付くので、1円÷102円×100＝0・98％です）。

つまり、国債を買う人が増えれば国債の価格が上がるので利回りはダウンし、逆に国債を買う人が減れば、国債価格は下落し、利回りがアップするのです。

ここまで分かれば、サブプライム問題の発生で国債利回りが下落した理由もある程度、察しがつくでしょう。答えはサブプライム問題で金融市場が大きく揺れて「不確実性」が増した結果、皆が安全資産を求めたのです。一斉に国債に資金が集中し、その結果、国債価格が上昇し、利回りは低下したのです。

テクニック 7

これで新聞に載っている「国債利回り」の意味が分かりましたね。定義を理解した上でチェックしてください。

日銀の動向に目配りを怠るな

余談ですが、「基準となる金利」や「政策金利」と聞いて、「公定歩合」を連想された方も多いのではないかと思います。現在では日本や米国などでは、金融政策の中心を公定歩合には置いていません。公定歩合は日本では今、「補完的貸付金利」と呼ばれ、銀行が国債などを担保として日銀から資金を借り入れるときの金利として使われています。

金融政策の中心でなくなったからといって、役割が全くなくなったというわけではありません。銀行が国債などを担保にして日銀から資金を引き出すのは、資金繰りに急に窮したような場合です。「公定歩合」は、そんなときの金利として機能を果たし続けています。また、こうした日銀から銀行への貸し出しは、資金繰りを助けると同時に、資金繰りに困った銀行などが国債を大量に市場に放出して、国債価格が一気に暴落することを防ぐ意味合いもあります。

しかし、あくまでも通常の金利の誘導は、「コール翌日物」金利を中心に行なわれています。政策金利の上げ下げは金融政策の根幹を最も端的に表したものであり、この金利の動きは必ずチェックしておく必要があります。

政策金利が決まる政策決定会合とともに、日銀の支店長会議や日銀総裁の談話などからも金融政策の方向性を感じ取ることができます。景気が強含んでいる、あるいはインフレが進みつつあるというニュアンスが談話などから読み取れれば、その後の政策金利は「上げ」の方向に動くでしょうし、その逆で、景気が弱含んできた、あるいは、デフレ傾向という発言があれば、金利は「下げ」の方向へ動いていくと読むことができます。

最初に説明したように、政策金利の変更で、預金金利などほかの金利も決まります。また、金利の変化は、外国為替レートや株価にも影響が及びます。政策金利の変化やそれに先立つ日銀の動きは要チェックです。

テクニック 8

インターネットで日銀の情報を得ることができます。さらに、日銀のホームページ(http://www.boj.or.jp)で「新着情報配信サービス」に登録すれば、毎日、日銀が金融の数字や総裁談話などの情報をメールで無料送信してくれます。私ももちろん登録しています。

世界の政策金利水準の現状

政策金利について、一通りのことを理解していただきました。それでは、現在、世界各国の政策金利の水準はどうなっているのでしょうか。

まず米国ですが、ＦＦ金利が２・０％であることはすでに触れました。日本の０・５％より随分高いように見えますが、サブプライム問題が発生する前のＦＦ金利は５・25％も

日米欧の政策金利の推移

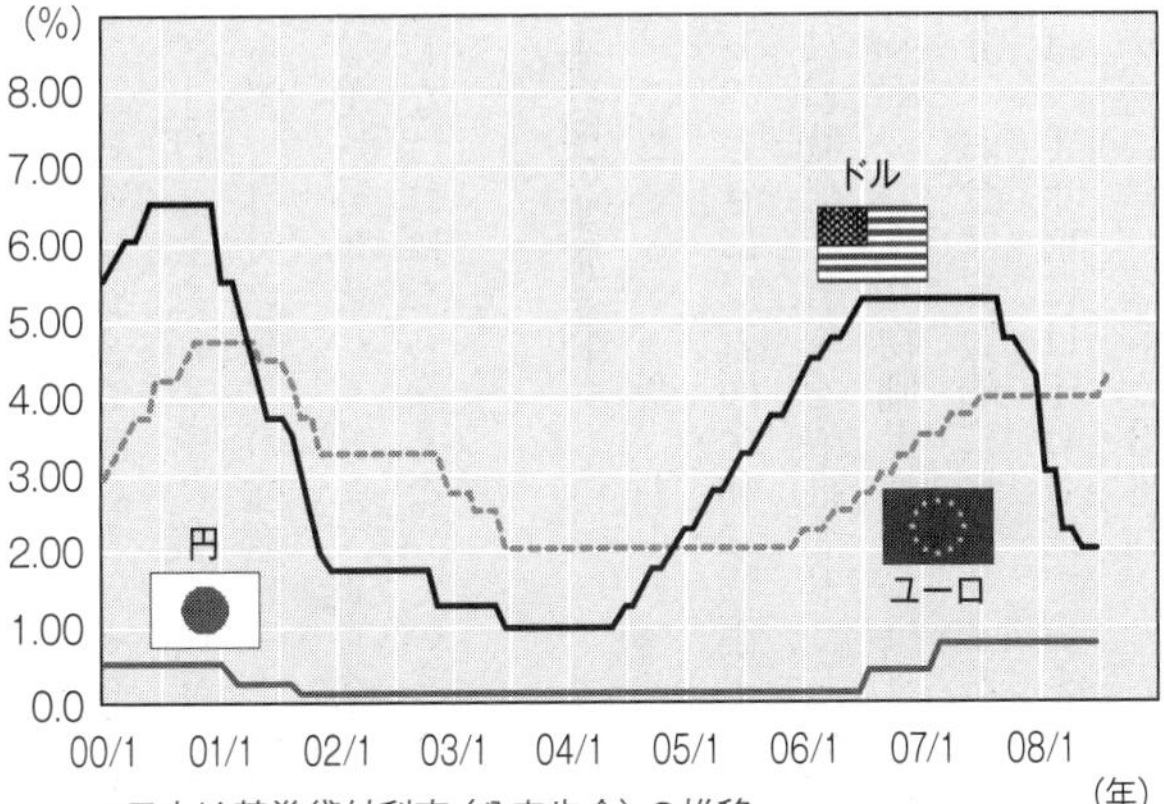

＊日本は基準貸付利率（公定歩合）の推移

ありました。今の2・0％は、FRB（連邦準備備制度理事会）のバーナンキ議長が問題勃発の2007年8月から08年4月までの短期間に3・25％も利下げした結果です。米国の消費者物価上昇率は4％程度ですから、インフレ状態の中、金利の低め誘導を続けているのです。

一方、ECB（欧州中央銀行）は金利を4・25％に維持しています。

米国はインフレよりもサブプライム問題対応のための金融秩序維持、景気対策に重きを置いています。厳しい言い方をすれば、サブプライムの混乱が収まるまではインフレにかまっていられる状況ではないともいえるでしょう。一方の欧州（ユーロ圏）は、そこまでの危機ではなく、むしろここでインフレの芽を摘みたいところなのでしょう。

翻って、日本は長らく続いた「ゼロ金利政策」解除後、2度の利上げで政策金利を0・5％まで上げましたが、その後、07年にさらに金利を上げるチャンスが何度かあったにもかかわらず、自民党などの横槍でみすみすその機会を逃してしまいました。

結局、0・5％という極めて低い金利のまま、今後迎える可能性のある景気後退に日銀は対応しなければならなくなっています。

物価上昇時の実質金利

さて、ここでもう一度、141ページで触れた「実質金利」の話に戻りましょう。

デフレのときには表面金利に物価下落率を加えたものが実質金利になり、逆にインフレのときには物価上昇率を表面金利から引いたものが実質金利になるのでしたね。とすると、インフレ率、つまり物価上昇率のほうが預金の表面金利より高ければ、実質金利はマイナスになり、お金は実質的に目減りすることになってしまいます。

例えば、1年前には100円で買えたものが、1年後には105円に値上がりしているような場合には、金利が3％付いたとしても100円の預金は103円にしかなりませんから、同じものが買えなくなってしまいます。このような場合には、1年前に持っていた100円で商品を買っておかないといけないわけです。

実は、現在（2008年7月）はそれに近い状態です。原油はもちろんのこと、小麦粉やタクシー運賃などいろいろな商品が次々に値上がりしていて、消費者物価は08年5月現在、年率1・5％の上昇を示しています。国内企業物価（昔、「卸売物価」と呼んでいたものです）の上昇率も5％を超えています。

一方、預金金利はサブプライム問題などがあり「コンマいくつ」の低い状態に据え置かれています。

この状態が長く続けば、預金をしているとインフレ率と預金金利差だけお金の価値が目減りすることになります。タンス預金など現金で保有すると、目減り分はさらに大きくなります。

こういう状況では、預金をするメリットが大幅に減少するか、預金で長期の運用をしている人は実質的には損が出ます。この先、金融政策や景気対策を誤れば、**物価上昇と景気後退が同時に起こる「スタグフレーション」**になる事態さえ考えられます。もしスタグフレーションが起これば、金融当局だけでなく個人にも非常に厄介なこととなります。金利を勉強した最後に、「スタグフレーション対策」に触れておきましょう。

スタグフレーション時の個人の防衛策

米国もそうですが、日本でも今後、ミニ「スタグフレーション」が起こる可能性があります。スタグフレーションとは景気後退（スタッグ）とインフレーションを組み合わせた造語で、景気後退とインフレが同時に起こる状況をいいます。

米国では、１９７０年代後半の第二次オイルショック後にスタグフレーションが到来しました。

スタグフレーションになると、景気が後退しているので金利を低めに誘導しなければならない一方、インフレに対しては金利を高めに誘導する必要があるという、政府や金融当局が大きなジレンマに悩まされます。

個人レベルでは、先に触れたように、預金しておくとお金が目減りする事態が訪れます。

さて、資産の目減りを防ぐ方法はあるのでしょうか。

もし、皆さんの資金が「守るお金」なら、少しでも金利の高い「個人向け国債」などでインフレ率をある程度カバーすることができます。

一方、「攻めるお金」でリスクを取るなら、「金」などのインフレに強い実物資産を持つことがインフレへの一つのヘッジ（回避）策になります。金利が低い状態なら、配当利回りの高い株式を買うという手もありますが、景気後退の側面を考えれば、それが原因で株価が大きく下落するリスクが出てきます。

いずれにしても、スタグフレーションの時期は金融資産の防衛が難しくなります。そうならないような政策の舵《かじ》取りを願うのみです。

この章のポイント

・表面金利より「実質金利」が大事。実質金利は「表面金利－物価上昇（下落）率」で求める。
・実質金利を考えると、デフレ下での銀行預金は「魅力的」である。
・短期金利として「コール翌日物金利」、長期金利として「10年もの国債利回り」は毎日チェックする。
・物価上昇と景気後退が同時に起こるスタグフレーションが起これば対応は厄介。

第8章　「守るお金」はこうして殖やす～預金・国債……

さあ、それでは準備万端整ったところで、具体的な金融商品を見ていきましょう。まずはリスクがゼロか、あっても低い商品、すなわち預金や国債を取り上げます。また、一生で一番大きな買い物、住宅購入につきものの住宅ローンについても考えましょう。

預金という商品

預金について考えましょう。預金は確定利回り商品です。国債や社債も、期日まで保有すれば元本が返ってくるので同じです。さらに当然のことと思っているかもしれませんが、**預金をするのに手数料はかかりません。タダで預かってくれます。**これは、株式や投資信託と根本的に違うところです。株式や投資信託は手数料がかかり、手数料が利回りに大きく影響することがあります（ただし預金でも、外貨預金には為替手数料がかかる上に、価格変動リスクがあります）。

銀行は預金を預かるだけでは、コストがかかるだけで儲かりません。それでも預金を預かるのは、預かった資金を融資に回したり国債で運用したりすることによって、利ザヤが稼げるからです。

株式や投信のように、売れば即、金融機関に手数料が入るのとは違います。

もちろん銀行は自分たちが儲けるために預金を預かるのですが、自己中心的な発想の銀行で、タダでお金を安全確実に預かってもらうメリットを十分に活かす必要があります。

インフレ下の低金利への対応

第7章で、現在の経済情勢や主要国の金利動向について説明しました。それでは、このような金融情勢の中、どのように自身の財産を運用していくのがベストなのでしょうか。

長く続いたデフレ時代が転換点を迎え、2008年になって原油や食糧など物価が値上がりしていることは第7章で触れました。そんな中、預金金利は物価上昇率を上回っているでしょうか？ 全然、違いますね。普通預金（0・2％）に預けると、実質金利は大きくマイナスになってしまいます。普通預金に資金を置いていては価値が目減りしてしまうのです（ただし普通預金には、決済性というメリットがあります）。

金利が比較的高いインターネット銀行の金利を見ると、1年の定期預金でイーバンク銀行が0・74％、ソニー銀行が0・9％（08年7月12日現在）ですが、これでも物価上昇には勝てません。

同様に、MMFや個人向け国債でも現在は実質金利がマイナスです。金利がインフレ率に対して十分でない状況においては、預金などの確定利回り商品では十分な運用ができません。それでは、どういう対応をすればよいのでしょうか？　場合分けをして考えてみましょう。

(1)**「守るお金」については、ベストではないにしろ、預金や個人向け国債のような確定利回り商品が確実度が高いといえると思います。**インフレ率と表面金利（税引き後）の差だけ「損」が出ますが、リスクの高い金融商品の価格変動リスクを考えれば実質金利の損失は甘受したほうがよいと考えます。リスク商品に投資して、大きな損を被ってしまっては元も子もありません。

(2)「攻めるお金」の場合には、価格が下がった金融商品は買い時ではあります。しかし、こういう時期は価格の変動が大きくなりがちです。余裕資金で、長期的運用が可能なら、値が下がったときに自分が狙っている商品を買うことができます。また、長期的で、かつ、配当などのキャッシュフローを求めて運用する場合でも、目標利回りが出る場合には、投資を行なうチャンスでもあります。

「攻めるお金」に関しては、次の章以降で、詳しく見ていくことにしますが、攻めるお金の中でも、一部分は、預金など安全資産に置いておくことが必要です。相場が下げたときに、追加投資する資金を確保しておくため、すべてをリスクにさらさないため、それに、投資に「歯止め」をかけるため、です。

インフレ率より高い預金金利を選ばなければお金の価値が目減りしてしまいますが、ネット銀行や一部の銀行では、ボーナス時期のキャンペーンなどで1年もので1％程度と、現在のインフレ率をある程度カバーする金利を提示しているところがあります（ただし、税引き後が受け取れる金利です）。また、退職金に特別の金利を提供している銀行もありますから、こまめに新聞やインターネットなどで情報をチェックし、インフレ時の目減りを少しでも回避する手段を考えてください。

また、もう少し長期での運用が可能なら、「個人向け国債」も有利な場合があります。

個人向け国債には、金利が半年ごとに見直しされる「変動10」（満期10年）と、金利が満期まで変わらない「固定5」（満期5年）があります。現在のような、表面金利が低い時期には、金利見直しが定期的にできる「変動10」のほうがいいでしょう。

また国債関連では、「物価連動型国債」というものもあります。これは、元本が消費者物価に連動して増減する仕組みの国債です（インフレになったら、その分、元本が殖えるのです）。残念ながら個人が直接買うことはできませんが、この国債を投資対象に組み込んだ「物価連動国債ファンド」という投資信託を購入することはできます（次の章で触れますが、販売手数料や信託報酬を必ずチェックしてから購入してください）。

テクニック 9

インターネット銀行や他の銀行の普通預金、定期預金金利、個人向け国債、あるいは主に証券会社で扱っているMMFなどの金利を定期的にチェックする習慣をつけてください。新聞の広告にときどき出ている金利を見るのもよいでしょう。金融機関により、結構ばらつきがあるものです。

デリバティブを使った「仕組み預金」も登場

最近は預金でも、デリバティブ（オプションやスワップといった金融派生商品）を組み合わせた「仕組み預金」というこれまでと違った商品があります。

例えば、東京スター銀行が2007年12月に発売した「五國びっくり！　円定期」という商品は、元本が保証されている定期預金商品ですが、金利が年利0・2％から10％の間で変動します。金利は、南アフリカ・ランド、オーストラリア・ドル、ブラジル・レアル、インド・ルピー、ロシア・ルーブルと円の為替レートとの5年後の一定の関係で決定されます。為替の変動率が一定の関係にならなくても、5年の預け入れ期間を経れば最低年利0・2％は保証されます。

預金者から見れば、5年物の円の定期預金で年利0・2％から10％の間の金利が狙えるというものですが、仕組み的にはデリバティブを使った商品です。金利が決まる複雑な仕組みについてはここでは触れませんが、中途解約などいくつかの条件を理解しておく必要があることは言うまでもありません（ちなみに説明書には、中途解約には原則応じないが、応じる場合は元本割れの可能性が非常に高い、という趣旨のことが書かれています）。

テクニック10

これまでになかったような預金商品が次々に登場しています。インターネットや新聞、雑誌で情報を得ることが大切です。複雑な商品が多いので、内容をよく理解した上で、商品を購入することが大切です。

リスクなし、預金は「守るお金」に最適

預金はリスクがありませんので、「守るお金」に最適の金融商品です。第5章で作った資金の過不足表で、余裕資金がそれほど多くなくて、これから先引退までの期間が5年を切っているというような方の場合、「守るお金」については預金で運用するのが適切だと考えられます。つまり、資金的に余裕がない上に、時間的な余裕も少ない場合です。

また、現役を引退して資金を運用している場合でも、将来、現在の生活水準を維持するために元本を取り崩していこうと考えている場合には、**預金や国債、あるいは、高格付けの社債、MMF**など、決まった利回りを確保できて、元本の保証がある程度確実なもので運用したほうがよいでしょう。

まだ現役引退まで10年以上あるという方、あるいは、引退前後でも必要資金以上にすでにお金が貯まっている方は、「守るお金」である必要資金を預金などの確定利回り商品に預けた上で、余剰資金を「攻めるお金」として、この後にご説明するリスク商品で運用す

ることが可能になります。

また、余裕のある方の場合は、先に説明したようにデリバティブを使った、元本を保証しながら条件次第では高い利回りが狙える商品もありますので、そういう商品を活用することもできます。

決済に使えるメリットも

皆さんは、預金という金融商品のメリット、デメリットは何ですかと尋ねられた場合、どれだけ思いつきますか？

通常、預金には、
①元本割れのリスクがない。
②決済の利便性（普通預金ならいつでも引き出せます。定期預金も決まった期日になれば自由に引き出せます）。
という二つの大きな利点があります。さらに、
③投信や株式売買と違い預金をするのに手数料がかからない（これは、運用実績やリバランスの際に大きな違いとなることがあります）。

それでは、デメリットは何でしょうか?

今の時代、なんといっても「低金利」が問題ですよね。しかし、覚えていますか?「実質金利」を考えないといけないのでしたね。

もちろんデフレ下でも株価が上昇することは理論的には考えられますから、株式投資をすることで預金より高い利回りが得られる可能性もあります。より多くのリターンを求める人は株式などに投資してもかまいませんが、あくまでも、現在、そして将来ともに余裕のある資金で運営するようにしてください。

いずれにせよ、**預金は自分のライフステージに合わせて「確実に」運用するのに適した「守るお金」のための金融商品です。**近い将来に「必要な」資金については、預金（普通預金のみならず定期預金）や確定利回り商品を利用するのが正解です（これは、企業の資金運用でも同じです。決済資金で株に投資していたら倒産ということにもなりかねません）。

住宅ローンで家を取得するのは良い選択肢

ここからは、「借りる」側から金融商品を見ていきましょう。

このところのインフレ傾向がどれくらい続き、それに起因してミニ・スタグフレーション（158ページで取り上げました）が起きるのかどうかについてはだれにも分かりませんが、住宅ローンを使って住宅を買うのは資産形成の一つの良い選択肢です。

低金利が続いていますから、今なら2〜3％台と低い金利で住宅ローンを組めます。またインフレ傾向が長引けば、家賃や住宅価格が上昇する可能性も高くなります。賃貸を続けていると、家賃が上昇したら家計にマイナスに働きます。

こうした場合、住宅ローンを借りて家を買えば、将来売却することを考えなくとも、家賃で家を借り続けるよりは、資産形成とインフレヘッジという観点だけからでも、おおいに有利だといえます。

一方、現在の皆さんの年齢にもよりますが、リタイアしたときに家を保有していないことは老後の人生設計上、大きなリスクを抱えることにつながります。一般的なサラリーマンの場合、年金は夫婦2人で月額23万円程度が基本です（企業年金がある人は、その分が上乗せされます）。自営業の場合は国民年金の基礎年金だけですから、夫婦でその半分強しかもらえません。

その年金から家賃を払い続けるのは大変です。第一、年金自体が、政府の財政事情の悪化や少子高齢化の急速な進展で、現在の水準を維持できるかどうか不透明です。

しかし、少なくとも老後に住む家を持っていれば、つつましくとも生活をしていくことはできます。

これはリタイア世代に限った話ではありません。本書をお読みの20代、30代の比較的若いビジネスマンの方でも給与があまり上がらない場合は、現役時代でも起こり得ることです。仮にインフレが起きて給与の上昇が物価上昇率に追いつかなければ、家賃や生活費が上がって可処分所得はどんどん目減りすることになります。ハイパーインフレなら目もあてられません。

「自宅」は純粋な投資対象ではない

そもそも住宅、特に自分の住居として使う「自宅」を、投資と同列に考えるのは誤りだと私は思っています。投資用不動産と同列に考えてはいけないのです。衣食住は生活の基本中の基本です。40歳、不惑の声を聞く頃には、住宅の保有を考えるべきだと私は考えます。

賃貸マンションに住んで、本来なら持ち家取得の頭金に回すべきだったお金を、ほかの金融商品に投資した場合は、どうなるでしょうか。

預金や個人向け国債など、この章で見てきた確定利回り商品では、リスクがなく確実性はありますが、現状ではインフレに勝てるか勝てないか程度の利回りでしか運用できません。

かといって株式やリスクの高い投資信託などに投資すると、儲かる場合はいいのですが、損することも十分にあり得ます。下手をすれば、持ち家を取得できない上に、財産まで失ってしまうという「最悪」の状況も起こり得ます。

確率論の問題ですが、皆さんは自分の人生の基本的な部分を確率論で片づけてはいけないと私は思います。必要十分な暮らしを送るためのベーシックなことに関しては、「確実性」を重視すべきです。

「この先、日本がまたデフレに陥って地価が下がったりすれば、今、住宅を買うと損するじゃないか」と、思う方がいらっしゃるかもしれません。たしかに再びデフレになれば、資産形成という面では損をする可能性もありますが、それでも自分の家を保有し、将来住む所に困らず暮らせるという安心感を得ることはできます。また、万が一のときに「売れる」資産を持っているという意味でも、安心感が得られます。

人生においてダウンサイドリスク（失敗したときに被る最大限の損失）が大きくなりそう

なことについては、慎重な上にも慎重に対応するべきです。

住宅は「貯蓄」と考えよう

住宅を取得するには、大変なお金がかかりますね。価格の2割程度の頭金がまず必要ですし、毎月の住宅ローンの返済も楽ではありません。

しかし、毎月貯蓄すると決めたとしても、ついついいろいろなものを買ってしまうのが人情です。目の前にお金があると、つい使ってしまいます。それが住宅を購入した場合はどうでしょう。住宅ローンをある意味「強制的」に返さなければならないとなれば、節約してでもローンの支払いに充てるものです。つまり、住宅ローンを返すことを、強制的に貯蓄をさせられていることと同じだと考えればよいのです。

その上愛着のある自宅を持ち続けることができるのですから、一石二鳥です。

経済的にも賃貸住宅のほうが得だと考えるのは無理があります。なぜなら、賃貸物件は、賃貸する側が取得した価格に、さらにいくらかの利ザヤを乗せて貸しているからです。物件取得価格をカバーせず、利ザヤを乗せずに賃貸する業者は理論的には存在しません。

また、賃貸物件のかなりのものは、業者は借入れでファイナンスしている場合も多く、その金利分も実質的には賃借人が負担しています。つまり借りている側が、業者の住宅ローン金利を負担した上に利ザヤまで負担しているのです。ＲＥＩＴ（不動産投資信託）の利回りが比較的高いのも物件への投資価格に対し高い利回りが出るからですが、それも賃借する側が負担しているのです。

皆さん、もし今、賃貸の物件に住んでいるなら、その物件を買うとした場合に、どれくらいで買えるか計算してみてください。おそらく、賃料の15年分から20年分で取得できるはずです。長くても25年でしょう。貸す側は、長くても20年くらいで元が取れるように計算をしています。

結局、こうしたことを考えると、住宅は早く買ったほうが、その後の賃料の支払いがなくなるので得なのです。

もちろん住宅ローン金利が低水準にあるといっても、元利均等払いの多くの住宅ローンは、当初は返済額のほとんどが金利ということになっています。そして、返済年数が経てば経つほど、元利均等払いですから返済額は以前と同じでも、元金を返済している比率が高くなります。

これは**裏を返せば、早いうちに「繰り上げ返済」をすればするほど、金利返済額が少な**

くて済むということを意味しています。

ですから少しでも資金に余裕ができたときには、繰り上げ返済をすることをお勧めします（繰り上げ返済には手数料がかかる場合も多く、注意が必要ですが、手数料無料という住宅ローンもあります。インターネットなどでチェックしてください）。

預金見合いローン

ここで面白い住宅ローン商品を一つ紹介しておきましょう。

東京スター銀行が扱っている住宅ローンで、預金（普通預金、外貨預金を含む）を置いている分だけ、住宅ローンの金利が免除されるというものです。例えば、3000万円の住宅ローン残高があって1000万円の預金を置いていると、ローン1000万円分には金利がかからず差額の2000万円にのみ金利がかかるというものです。

このローンが有利なのは、今見たように預金分だけ金利がかからないことですが、同時に資産形成も行なえることです。住宅ローンを返済し終えたときには、家という資産とともに預金も積んでおいた分だけ残るという仕掛けです。何を隠そう、私も個人的にこのローンを利用しています。

また、預金分だけは金利がかからない、つまりその分の金利を支払わなくて済むということは、言い方を換えればローン金利と同じ金利で預金を運用しているのと同じことを意味します。住宅ローンを返済しながらも、少しずつでも余裕資金を積み立てることのできる人には、すぐれものの金融商品といえます。

この章のポイント

・預金は「守るお金」に最適の金融商品。
・デリバティブを利用した「仕組み預金」もある。元本を確保しつつ、高利回りも狙える可能性も。
・リタイア後を考えると、住宅は賃貸派より持ち家派が有利。住宅ローンは貯蓄と考えよう。

第9章　良い投資信託、悪い投資信託の見分け方

投資信託に対する心構え

最初に結論を言っておきます。**投資信託は、うまく使わないと、投資信託運用会社、そしてそれを販売している証券会社や銀行が儲けるためだけの商品になってしまいます。**彼らは、損をしません。投資家が得をしても損をしても、とにかく販売すればするほど手数料が入るからです。それに下手に乗ってしまうと、手数料を取られて泣きを見るだけということになりかねません。

絶対にやってはいけないことは、証券会社や銀行の店頭に行って「何を買えばよいですか」というような投信の相談をすることです。厳しい販売ノルマがあり、強烈なプレッシャーがかかっている彼らに相談してしまったら、「食いもの」にされるだけです。餌食です。手数料の高い投信を薦められるに決まっています。

ですから、**自分で投信の内容を理解して、何を買えばよいかを判断できるまでは投信を買ってはいけません。**同じ銀行で売っているからといって、預けても手数料がかからない預金とは違うものなのです。投信はリスクがあるだけでなく手数料を取られるのです。銀行を取り巻く環境も厳しく、預金よりてっとり早く儲かる投信を薦めがちです。

それと、訳知り顔で「定期的に投信などを『リバランス』させましょう」と言う人もいますが、「リバランス（資産の見直し）」するのにも手数料がかかります。

第1章（40ページ参照）で述べたように、リバランスするのは景気の転換点のみでしたよね。そのためには、経済の見方をしっかり身につけることが必要でした。

しかし、そんな投信にも活用方法があります。がめつく自社のことしか考えない金融機関ですが、それはそれで、うまく活用する方法があります。この章ではそれを紹介します。

自分で買えない金融商品を買うためのもの

投資信託という金融商品の活用法はすごく簡単です。自分で買えない金融商品を買うときに使うのです。投信の場合、さまざまな手数料や費用がかかります。投資元本以外にいろいろなお金を支払うのですが、自分で買える金融商品に手数料や費用を支払うのは賢いことではありません。

例えば初心者の方は、株式の良し悪しの見極めや金融商品の分散の仕方も十分には分かっておられないでしょうから、それらのことを投資信託を買うことでカバーすることはできます。

株式なら「アクティブ型（積極運用型）」の投資信託を買えば、専門家が選んだ銘柄で運用することができます（ただし、見極めが大切です。後で説明します）。また分散投資では、国内債券、海外債券、国内株式、海外株式などに分散して運用している「バランス型」と呼ばれる投資信託がありますから、それを購入すれば自然に分散投資している状態が実現できます。しかも、投資信託の場合、1万円といった少額から始められるというメリットもあります。

中・上級者でも当然、投資信託は利用できます。ここでも狙い目は、個人ではとても買えないような金融商品です。例えば、原油や金などのコモディティ（商品）、BRICs諸国の株式、日経225全銘柄への投資……こうした金融商品への投資は個人ではなかなか難しいですね。第6章で述べたように、中級者になって経済の動向が少し読めるようになれば、どこに投資すればよいか分かるようになります。もっとも、コモディティやBRICsの株式はリスクも高いので、手を出しづらいものです。そうしたときに、投資信託なら少額から投資ができます。

また、「超目利き」の腕こきファンドマネージャー（そんな人が、本当にいるかどうかは知りません）が選ぶ銘柄での株式投資――こんな投資も投資信託なら可能です。

さらに、こんな使い方もできます。比較的資産に余裕のある方が、高い配当の外国債券に分散投資し、分配金のキャッシュフローを得たいという場合です。数年前から人気になっている定期的に分配金が出る投資信託などは、そういう方に適した金融商品です。例えば、5兆円を超える資金を集めて有名になった「グローバル・ソブリン・オープン」(通称「グロソブ」)を買えば目的は達せられます。円金利は低いので、高金利の海外債券などに投資してキャッシュフローを稼ごうという投資です。

いろいろな活用法がありますが、逆の言い方をすれば、ここで述べてきたような商品を買わないのなら投資信託を利用する意味はそれほどないともいえます。

いずれにしろ、投資信託は、**あくまでも「手数料を支払って運用を代行してもらっている」と考えなければなりません。**タダで預かってもらっている預金とは全く違うスタンスで対応しなければならないのです。何しろ証券会社や銀行は、皆さんから手数料をいかに取るかが一番の関心事なのですから、そういう目で投資信託を見てください。

3000本もある投資信託、どう選ぶか

現在、日本では、一般の投資家が買える投資信託は3000本以上が設定されています。

先ほども少し触れましたが、投資信託にもいろいろな種類があります。国債などの債券を中心に運用するもの、株式中心のもの、それも、それぞれ国内、海外で運用するものがあります。アジア諸国やＢＲＩＣｓなど新興大国の株式に投資しているもの、国内外のＲＥＩＴ（不動産投資信託）で運用するもの、原油や金などコモディティ（商品）に投資しているもの……さまざまです。また、「ファンド・オブ・ファンズ（ＦｏＦ）」といって、いくつかの投資信託などを組み合わせて運用している投資信託もあります。

４０１ｋ（確定拠出型年金）を導入する企業が増えて、自分の企業年金を投資信託で運用している人も増えていると思います。準備された10本ほどの中から選ぶケースが多いと思いますが、結構その選択に苦労している人が多いのではないでしょうか。また、「貯蓄から投資へ」という言葉に踊らされて、銀行などに薦められるまま投資信託を買った人も少なくないでしょう。

投資信託を買った多くの方は、それはどうまく運用できていないのではないかというのが実感です。投資信託は、商品特性を勉強した上で活用方法を考えなければなりません。

ここで企業が４０１ｋを導入し、無理やり投資家にさせられた人に忠告です。リスク商品の意味が分からないうちは、預金にお金を置いておくのが一番です。投信は手数料を取られる上に、リスクがあります。リスクの低い投信では利回りが低いので、手数料を取られるとそれだけで運用がマイナスになってしまう場合さえあります。

さらに先ほども少し触れましたが、企業内の運用セミナーなどで「定期的に『リバランス』させましょう」などと「教え」られることがありますが、素直な人は驚くほど簡単にだまされてしまいます。短期間でリバランスさせると、それだけで年率3％程度の手数料を取られることにもなりかねません。銀行や証券会社が儲かるだけです。ですから訳が分からないうちは、預金に置いておくほうが無難です。

「グロソブ」の広告が理解できますか

ここで、初心者の方のために少し実践的な勉強をしましょう。187ページに掲げたのは、2008年6月11日付の全国紙に出ていた「グロソブ」（グローバル・ソブリン・オープン）の広告です。皆さんはこの広告を読みこなせますか？　読みこなせないうちは投信を買わないほうがよいでしょう（中級者以上の方は、この項目は飛ばしていただいても結構です）。

新聞の全面広告の主なメッセージは、次の通りです。

「いま、外国債券ファンドが見直されている。なかでも、グロソブ。信用力の高い世界主要先進国のソブリン債券に投資し、安定した成果を目指すファンドである」

この部分は広告の最初の部分ですが、「グロソブ」の特色をキャッチフレーズ的に表現しています。「ソブリン」とは国のことです。先進国の国債などに主に投資しているということをPRしています。

お次は、こうです。

「純資産総額は5兆5307億円。国内No.1の投資信託です。※毎月決算型。2008年5月末現在」

すごい金額の純資産ですね。(でも、運用実績は書いていません。なぜでしょうか? この章の後半に出てくるホームページなどでチェックしてください)

注に「毎月決算型」とあることから、決算を毎月行ない、分配金を毎月支払う用意があることが分かります。グロソブの人気が高いのも、毎月分配金が得られることです。

ただし、広告の中には、次のような断り書きもあります。

「収益分配金は一定の分配金額をお約束するものではなく、委託会社の判断により、分配を行わない場合もあります」

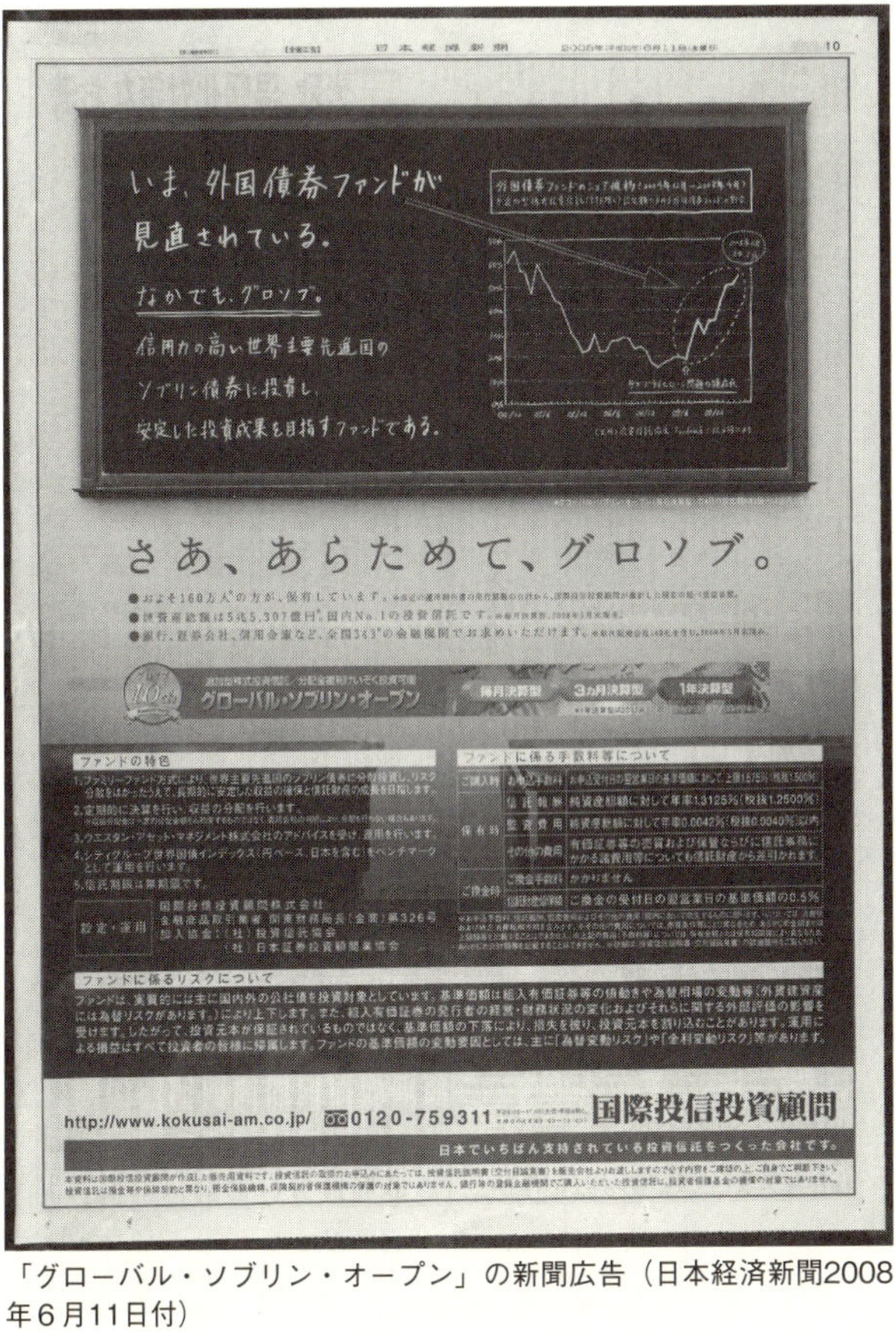

「グローバル・ソブリン・オープン」の新聞広告（日本経済新聞2008年6月11日付）

ここからは、毎月の分配が保証されているものではないことが分かります（グロソブには、毎月決算型のほか3ヵ月決算型、1年決算型があります）。

販売手数料の記載もあります。「お申込手数料」は「お申込受付日の翌営業日の基準価額に対して、上限1・575％」とあります。実は同じ投資信託でも取扱金融機関によって販売手数料は違うのですが、その「上限」を運用会社として定めているわけです。

保有している間に継続的にかかる費用として、「信託報酬」が「純資産総額に対して年率1・3125％」、「監査費用」が「純資産総額に対して年率0・0042％」、そして「その他の費用」として「有価証券等の売買および保管ならびに信託事務にかかる諸費用等についても信託財産から差引かれます」としています。

さらに換金時には、「信託財産留保額」として「ご換金の受付日の翌営業日の基準価額の0・5％」が差し引かれます（通常は0・1〜0・2％なので、ちょっと高いですね）。

投信の手数料については、次の項で詳しく説明しますが、いろいろな名目で費用がかかることがお分かりいただけると思います。

最後にリスクの表記があります。少し長いですが、勉強のために読んでください。

「ファンドは、実質的に主に国内外の公社債を投資対象としています。基準価額は組入有価証券等の値動きや為替相場の変動等（外貨建資産には為替リスクがあります。）により上下します。また、組入有価証券の発行者の経営・財務状況の変化およびそれらに関する外部評価の影響を受けます。したがって、投資元本が保証されているものではなく、基準価額の下落により、損失を被り、投資元本を割り込むことがあります。運用による損益はすべて投資者の皆様に帰属します。ファンドの基準価額の変動要因としては、主に『為替変動リスク』や『金利変動リスク』等があります」

投資先債券の価格変動や為替の変動による元本割れリスクが説明されていて、元本を割り込む可能性があることが明記されています。そして、「運用による損益は、すべて投資者の皆様に帰属します」ということは、損しても得してもすべて投資家の責任ということです。

どうですか、広告を読んで十分理解できましたか？　この時点で理解できなくても大丈夫ですが、投信を始めるまでには理解できるようになっていてください。これからの説明を読めば、皆さんはここに書いてあることが十分理解でき、どういうふうに投資信託を活用すればよいかがお分かりいただけるようになります（グロソブがそうだというのではありませんが、一般的に分配型の投信の場合に注意しなければいけないのは、運用実績が悪い場合でも資金を集めるために、利益ではなく資産から分配することがあることです。分配型の投信の場合には、元本から分配金を出してタコが自分の足を食うような好ましくない配当をする場合もあり得ます。このようなことを防ぐために、後の項で説明するファンドの運用実績の見分け方などを勉強しておく必要があります）。

投資信託には手数料や費用がかかる

投資信託で儲かるのは、先にも説明したように、投信の運用会社や販売会社です。投資家が損をしても得をしても、彼らの手元には手数料が入ってくるからです。逆に投資家サイドから見れば、投信は手数料を引かれる分だけ必ず利回りが下がる仕組みになっているといえます。

投信にはどんな手数料や費用が発生するのでしょうか。先ほど「グロソブ」の広告でも少し見ましたが、体系的にご説明しましょう。

①販売時にかかる**販売手数料**……これは投信の「基準価格」（投信の時価）に対し、1～3%程度かかるのが普通です（「ノーロード」と呼ばれる販売手数料ゼロの投信もあります）。

販売手数料は投信ごとに上限が定められており、その範囲内で販売する金融機関ごとに決められるのが通例です。ですから同じ投信でも、どこで購入するかで販売手数料が違う場合があります。

②運用にかかる**信託報酬**……販売手数料は買ったときに1回支払えば済みますが、信託報酬は運用期間中ずっとかかる費用です。年率で表示されていますが、毎日基準価格から減額されます。

「アクティブ型」といって、投資銘柄をファンドマネージャーが選ぶタイプの投信なら年率1・5%程度が相場で、TOPIX＝東証株価指数（東証1部全銘柄の株価を指数化したもので、こういう指数を「インデックス」と言います）や債券などに投資し、市場平均と同程度の運用益を求める「パッシブ型」投信では年率0・6〜0・8%程度が相場です。先ほど広告で見た「グロソブ」は1・3125%でした。また、国内債券、海外債券、国内株式、海外株式に分散投資する「バランス型」では、1〜1・5%程度に設定しているところが多いですね。海外株式などで運用する投信の中には、2%を超える信託報酬を要求されるものもあります。

アクティブ型投信では、国内株式でも企業内容などをかなり精査して投資するのが常道で、その銘柄を選ぶのに「プロ」の目が欠かせません。そういうプロを雇う分、コストがかかるのです。

また、投信に集まった資金は信託銀行に預けられます。実際の運用は投信運用会社の運用指図に従って信託銀行が行なっているので、信託銀行に支払う報酬も発生します（その点では、投信の財産は投信運用会社から分離されているので、運用の成否は別として財産の保全という点では安心できる商品です。また万一、信託銀行が破綻することがあっても、信託財産は別勘定に分離されています）。

③**信託財産留保額**……これは売却時にかかるもので、通常は0・1〜0・2％程度です。かからないものもあります。

投信で運用する際には、必ず、この手数料や費用をチェックしてください。投信によって大きな違いがあるからです。投信運用会社の運用がうまくいって高い利回りが得られていても、そのほとんどを手数料で持っていかれることもあり得ます。

特に短期保有なら、この三つの手数料や費用だけでたいていの場合が赤字になります。短期的なリバランスを繰り返せば、大幅な利回りダウンは避けられません。

最近では、ETF（Exchange Traded Fund：上場投信）を投資信託の代わりに活用される方も増えています。こちらは、信託報酬が低いものが多いからです。ETFは株式売買と同じ手数料体系で、証券会社によって手数料が変わります。デメリットとしては、1万円からの少額投資ができる投信よりも売買単位が大きいことですが、売買単位を小さくしたものも出てきています。

信託報酬にご用心

手数料の話を、もう少し続けます。手数料でまずもって注意しなければならないのが、国内債券中心に運用している投信です。

「国内債券だけ」という投信はもちろん、先に見たバランス型ファンドで国内債券の組み入れ比率が高いものがそれにあたります。なぜかというと、国内債券の運用では低い利回りしか得られないからです。

日本国債に投資しても、最近では1％台後半で運用できれば上出来です。それくらいの利回りしか得られないのに信託報酬を年率1％程度も取られるのなら、自分で個人国債を買って運用したほうがずっとマシでしょう。

債券以外で運用する投信でも、信託報酬の率に注意が必要です。信託報酬は、投信を保有している間は必ず差し引かれるからです。

仮に年率5％で運用できたとしても信託報酬として2％差し引かれると、ネット（正味）では3％の利回りにしかなりません。1％の信託報酬にしてもネットでは4％の利回りです。たった1％などとは思わないでください。その1％が差し引かれなければ、それは運用益を生み、しかも複利で違ってくるからです。例えば100万円を投資した場合、10年で15万円近い運用益の差が出てきます。

信託報酬が安いほうが運用成績が良い!?

それでは、信託報酬の高い低いで運用成績に差はあるのでしょうか？　これは皆さんが非常に興味のあるところだと思いますが、実は驚くことに、信託報酬が安いほうが成績が良いというデータがあるのです。

日本経済新聞（2008年6月8日付）に載っていたSBIファンドバンクが調査した

手数料が安い投信が運用成績は良い？

	国内株式アクティブ型	海外債券型	海外株式型
信託報酬だけを考慮した「勝率」			
コスト安い上位20（海外株式型は15）	70%	70%	47%
コスト高い上位20（同上）	45%	35%	53%
3つの手数料をすべて考慮した「勝率」			
コスト安い上位20（海外株式型は15）	70%	60%	33%
コスト高い上位20（同上）	45%	35%	67%

（注）SBIファンドバンク調べ。2008年3月末時点での過去3年の運用実績で比較。原則として07年11月末に純資産残高が100億円以上あり、08年3月末に3年以上の運用期間があった投信が対象、一部にそれ以外の投信も含んでおり、総数は約190本。販売手数料は目論見書記載の上限値を使って計算

＊日本経済新聞2008年6月8日付「投資入門」から

データで、純資産残高が100億円以上、かつ3年以上の運用実績を持つ投信で、08年3月までの3年間の運用実績を調べたものです。

上の表をご覧ください。「海外株式型」を除いて、コストの安い投信のほうが運用実績が良かったという結果が出ています。とりわけ「国内株式アクティブ型」、「海外債券型」では、顕著な差が出ています。

株式相場などの地合い（相場の状況）の問題もあり

ますが、信託報酬が高い分だけ、運用実績が必然的に落ちることが関係していると見るのが自然でしょう。

いずれにしても、「手数料が高い＝運用がうまい」ということではない点を、肝に銘じておいたほうがよさそうです。

アクティブ型はＴＯＰＩＸに勝てない？

こんなデータもあります。通常、比較的高い手数料を取る積極運用の「アクティブ型」の投信がどのぐらいの利回りを出しているのかを調べたものです（日本経済新聞２００８年3月2日付）。こちらはＱＵＩＣＫ調べのデータを基にＲ＆Ｉが作成したものですが、こちらの調査でも、「アクティブ型」は芳しい成績を残していません。

次ページの表をご覧ください。ここ8年ほどの実績を比較してみると、ＴＯＰＩＸにも勝てないもののほうが多いのです。さらに株価上昇期と下降期に分けて見てみると、株価上昇期にはＴＯＰＩＸよりも運用成績の良い投信がほとんどですが、下げ地合いになると途端にＴＯＰＩＸに勝てなくなってしまいます。これでは、株価が上がっているときはまだしも、いったん下降局面に入った場合に「アクティブ型」を保有していると、高い手数料を払った上に大きなマイナスを抱え込むという悲惨な結果にもなりかねません。

アクティブ型投信が高いパフォーマンスを出せない理由については、構造的な問題もあります。

これらの投信の銘柄を選んでいるのは、プロのファンドマネージャーたちです。彼らが費用と時間をかけて銘柄を選ぶのですが、それでもうまくいかないことが多い。なぜか分かりますか？　たいていの場合は、短期での値ザヤ取りに終始するからです。ファンドマネージャーは四半期ごとの成績で評価されることが多く、どうしても短期間で値の上がる銘柄を選びがちです。そうすると上がるときには皆同じような銘柄を買うので、一気に上がりますが、ダメだとなると一気に売りに出るので必要以上に下がるのです。

こういう傾向があるので、アクティブ型は上げ地合いには強く下げ地合いには弱いのです。言い方を変えれば、上げも下げも「自作自演」的な部分が少なからずあるのです。

ウォーレン・バフェットやさわかみ投信のような長期投資を前提としている投資家は、このような短期投資家の動きに一喜一憂しません。むしろ、短期投資家が「買い過ぎる」ときには買わず、「売り過ぎる」ときは好機ととらえて投資をし、それを長期保有します。短期的な値ザヤ取りではなく、あくまでも、会社の「実力」を見て、安いときに買い長期

期間A：ITバブル崩壊後の下落期（2000年3月～2003年4月）		期間B：株価上昇期（2003年5月～2007年6月）		期間C：サブプライム問題深刻化以降の下落期（2007年7月～2008年1月）	
投　信	騰落率（%）	投　信	騰落率（%）	投　信	騰落率（%）
(b)	−11.4	(a)	253.9	(h)	−22.6
(a)	−19.6	(i)	163.6	(g)	−22.8
(c)	−25.6	(d)	155.1	TOPIX	−24.1
(d)	−34.7	(e)	152.2	(b)	−24.2
TOPIX	−53.7	(c)	151.6	(n)	−24.4
(e)	−56.3	(k)	148.2	(j)	−24.6
(f)	−56.9	(o)	146.5	(e)	−25.2
(g)	−59.9	(m)	141.6	(f)	−25.4
(j)	−60.3	(h)	138.8	(m)	−26.0
(h)	−60.4	(b)	138.6	(p)	−26.0
(i)	−62.4	(g)	137.5	(o)	−26.4
(k)	−63.1	(l)	137.3	(k)	−26.7
(n)	−63.3	(f)	133.7	(i)	−27.1
(l)	−64.3	(j)	131.4	(l)	−27.4
(m)	−68.3	TOPIX	122.8	(a)	−27.5
(o)	−69.5	(n)	99.7	(c)	−27.9
(p)	−75.9	(p)	83.2	(d)	−27.9

（注）対象は国内株アクティブ型（R&I分類）のうち、2002年2月以前に設定され、2008年1月末の残高が200億円以上の追加型株式投信。基準価額の騰落率は分配金再投資ベースでQUICK調べのデータを基にR&Iが作成。一部略称

＊日本経済新聞2008年3月2日付「資産運用」から

アクティブ型投信とインデックスの騰落率比較

（期間A～Cの番号は、総合成績での投信の記号に対応、グレーの部分が市場平均を上回った投信）

	総合成績（2000年3月～2008年1月）		
	投　信	運用会社	騰落率（%）
TOPIXを上回る成績	(a) アクティブ バリュー オープン	T&D	106.5
	(b) さわかみファンド	さわかみ	60.3
	(c) ダイワ・バリュー株・オープン	大和	35.0
	(d) 大和住銀日本バリュー株ファンド	大和住銀	20.0
	(e) 利益還元成長株オープン	日興	−17.6
	TOPIX		−21.7
TOPIXに及ばない成績	(f) 日興エコファンド	日興	−24.8
	(g) フィデリティ・日本成長株・ファンド	フィデリティ	−26.5
	(h) フィデリティ・ジャパン・オープン	フィデリティ	−26.9
	(i) 三菱UFJ日本株アクティブオープン	三菱 UFJ	−27.8
	(j) ノムラ日本株戦略ファンド	野村	−30.7
	(k) ノムラジャパン・オープン	野村	−32.9
	(l) MHAM株式オープン	みずほ	−38.6
	(m) 日興ジャパンオープン	日興	−43.4
	(n) 三井住友・日本株オープン	三井住友	−44.6
	(o) アクティブ・ニッポン	大和	−44.6
	(p) デジタル情報通信革命	大和	−67.3

保有しているのです。バフェットなどは、短期投資をしてくれる「プロの」ファンドマネージャーがいるおかげで自分たちは儲かる、とはっきり言い切っています。

短期投資はばくちの世界で、当たるも八卦の世界です。アクティブ型投信を買う際には、その投信がどういう投資スタンスであるのかを見極め、サラリーマンの「プロ」ファンドマネージャーが運用している投信は避けるのが無難です。長期間で実績のある投信を選ぶべきです。

「良い投信」「悪い投信」の見分け方

以上の説明でお分かりだと思いますが、投信は先にも述べた通り、初心者は初心者なりに、中級者は中級者として自分の目的に合わせて自分のポートフォリオを作る上で、**あくまでも自分では買えない、買いにくい金融商品を使っての運用代行と考えるべきものです。**

それでは良い投信を探すには、どうすればいいでしょうか。

良い投信と悪い投信の見分け方は、あくまでも運用実績で判断すべきです。自分のポートフォリオを作る上で組み込む必要のある種類の投信（この章の冒頭で、初心者や中上級者の投信の利用の仕方を説明しました）を選んで、それらの運用実績を調べます。過去3年間くらいを見ればよいでしょう。

「基準価格」（時価）はいくらか、基準価格はどれくらい上昇したか、あるいは下落したかを見て、過去からの運用利回りを計算します。分配型なら、分配をしなかった前提での基準価格や利回りが公表されていますから、それらを参考にします。

過去からの運用実績が良いものが、選ぶべき良い投信です。他よりパフォーマンスが良いものです。運用期間が短いものは、数年間待って実績がはっきりするまでは買わないほうが無難だと思います。

さらに、預けられている純資産総額が増加しているかどうかも大切です。人気がある投信は、純資産総額が増えているはずです。一方、パフォーマンスが悪く、なかでも損失が出ているような投信では、投資家がどんどん抜けて信託財産が減少しているでしょう。減少している場合は、要注意です。そのような場合には、解約する人向けに現金が必要ですから、その分保有資産を売却しなければならず、最適なポートフォリオを組めなくなっている可能性があるからです。

さらに、リスクとリターンの実績も重要です。リスクというのは、第6章でお話ししたようにリターンのばらつき（正確には標準偏差）です（忘れた人はもう一度、130ページの説明をお読みください）。

リスクとリターンの関係では、「シャープレシオ」という指標もあります。式で表すと、

シャープレシオ＝（投信のリターン－無リスク資産〈国債〉金利）÷リスク（標準偏差）

です。これは実質的なリターンが、リスクの何倍あるかを表した指標です。数字が大きいほど、リスクに比してリターンが大きい、すなわち良い商品ということになります。

個々の投資信託のパフォーマンスを調べるには、「モーニングスター」（http://www.morningstar.co.jp/）や「投信スーパーセンター」（http://www.toshin-sc.com/）のホームページが便利です。

ここで説明した、リターン、リスク、シャープレシオなどの他に、ベンチマーク（TOPIXなどのインデックスを、投資パフォーマンスを判断する基準とします）と比較しての運用実績、β（ベータ）値（インデックスの値動きと当該投信との値動きの関連性）などの指標がコンパクトにまとめられています。取り上げられている指標の説明は、これらのホーム

ページの中で分かるようになっていますから、指標を見る際に勉強してみてください。

元金の長期運用を考えるなら非分配型が有利

また、分配金の有無についても考える必要があります。

これは、運用の目的で違います。先に見たように、定期的なキャッシュフローを目的とした投資なら、「グロソブ」のような定期的に分配金を出す投信での運用が有効です。リタイアなさった方などで、年金の支払いが3カ月ごとなのでその間の年金支払いがない月のキャッシュフローを得る目的で、毎月分配型の投信を買われている方も多いようです。

ただし、まだ年齢が若く、元本を殖やすことが目的なら、分配金はなくて運用益を再投資するタイプの投信を選ぶべきでしょう。再投資されて元金に組み込まれた部分が複利で増えていくので、結果的に運用利回りが高まる可能性があります。

例えば、約10年前に基準価格1万円でスタートしたグロソブは、これまで約5600円の分配金を支払い、現在基準価格が7500円程度ですが、分配を行なわずに運用をしていれば基準価格が1万5000円程度に上昇しているという試算があります（日本経済新聞2008年6月15日付「投資入門」より）。分配を行なったせいで、結果的に2000円ほどの機会損失があるということです。

リバランスは景気の転換点に

繰り返し述べているように、保有資産の「リバランス」(資産の再配分)は景気の転換点に行なってください。1年ごとなど、「定期的リバランス」を機械的にやるのは(特に、投資信託に関しては)、手数料のムダになる場合が少なくありません。1年で見直せば、3%程度のコストがかかることになります。

42ページの図で説明したように、インフレ⇕デフレ、景気拡大⇕景気後退などの組み合わせを見極めながら、景気の潮目が来たらリバランスを行ないます。

しかし、これにはお分かりのように経済や金融を見る目が必要です。それでも第一部で説明したように、定期的に経済指標や経済記事に目を通し、コツコツと自分の目を高めていくと、大きな流れが見えるようになってきます。これは、次の章で説明する「会社を見る目」でも同じです。皆さんも、経済、金融、会社を見る目を高めて、金融機関の言いなりにならず、ご自身の財産を守り殖やしていってください。

テクニック11

投資信託のことを勉強するなら、『10年先を読む長期投資』（澤上篤人著、朝日新書）が参考になります。この本は、次章の株式の運用についても大変参考になる本です。

この章のポイント

・投資信託は、自分で買えない商品を買うのに使う。
・手数料、特に「信託報酬」に注意。気をつけないと、儲かるのは投信運用会社や販売会社だけということになりかねない。
・手数料が高くても、運用がうまいとは限らない。
・定期的なリバランス（資産の再配分）はしない。手数料で損をするだけ。
・「分配型」なら、キャッシュフロー（現金収入）を得るための手段としても使える。ただし、元本を長期的に殖やしたいのなら「分配型」でないほうが有利。

第10章　株式は「気に入った銘柄」を「長期保有」で

プロでも難しい企業分析

私は明治大学会計大学院で講義を年に4教科持っており、その一つが経営分析です。会計大学院に通う学生の大半は、公認会計士やコンサルタント、あるいは企業の財務担当者をめざしている人たちです。勉強もよくする学生が多いのですが、その彼らにしてから企業を的確に分析するのはなかなか難しいようです。

第9章でも見たように、積極運用の「アクティブ型」の投資信託のここ1年ほどの成績を見れば、大多数の投信がマイナスの利回りとなっています。それも市場の平均である、TOPIX（東証株価指数）のマイナス幅よりかなり大きなマイナスとなっています。プロでも株式の運用は難しいのです。

私も経営コンサルタントを長くやり、証券アナリスト（日本証券アナリスト協会検定会員）の資格も持ち、また、今お話ししたように会計大学院で経営分析の講義を持っており、財務分析や会計の本も10冊近く出版し、自分でも企業の分析はアマチュアの方より格段にできると思っていますが、それでもなかなか難しいのが正直なところです。

そして企業の中身について分析ができたからといって、株価がその通りに動くかどうかはまた別です。株価の動向には、マクロ経済の動きなどが絡んでくるからです（だから、経済の見方が必要なのでしたね。企業分析のポイントはこの章の後半で説明します）。

繰り返しますが、個別企業の株価は企業業績だけでなく、株式市場全体の動きや第7章で勉強した金利動向、さらにマクロ経済の動向などの影響を受けます。しかし、こと長期投資という観点からは、株式は実に魅力的な金融商品でもあります。個人的感想では、企業のことを本当に理解しているのなら、「攻めるお金」に関しては長期投資の場合、投資信託を買うよりも株式で運用するのが一番だと考えます。その理由は、この章の中で説明します。

結論から言うと、株式で長期的に資産を殖やそうと思っている方は、

①余裕のある資金（「攻めるお金」）で、
②長期保有を前提として、
③自分が気に入った優良企業の株を、
④市場全体の地合いが押した（下げた）ときに買うのが鉄則、

と私は考えています。次の項から順に説明しましょう。

余裕資金で運用する

1950年からの日経平均株価の推移を左ページのグラフにしてみました。ご覧ください。バブル前後で4倍上がって、また4分の1以下に下がっています。日経平均株価は東証1部のうちの225社の株式を、TOPIXは東証1部の全銘柄を指標化（インデックス）したものですが、当然、個別銘柄の値動きはこうしたインデックスの動きよりも格段に大きく、買値より100倍上がるものもあれば逆に短期間に大きく下がるものもあります。会社が倒産でもしようものなら、株価ゼロになってしまう場合もあります。

個別銘柄に投資するのは「当たるも八卦」的なところがあり、「守るお金」を投資するのに適しているとはいえません。ただし、「良い」株に「当たった」場合には、投資したお金をそれこそ何倍、何十倍と増やすことができるのが株式投資の魅力です。ただ先ほども説明したように、プロでも予想を外すことが多く、インデックス全体の値動きにすら勝てない場合も少なくないことは認識しておく必要があります。

日経平均株価の推移

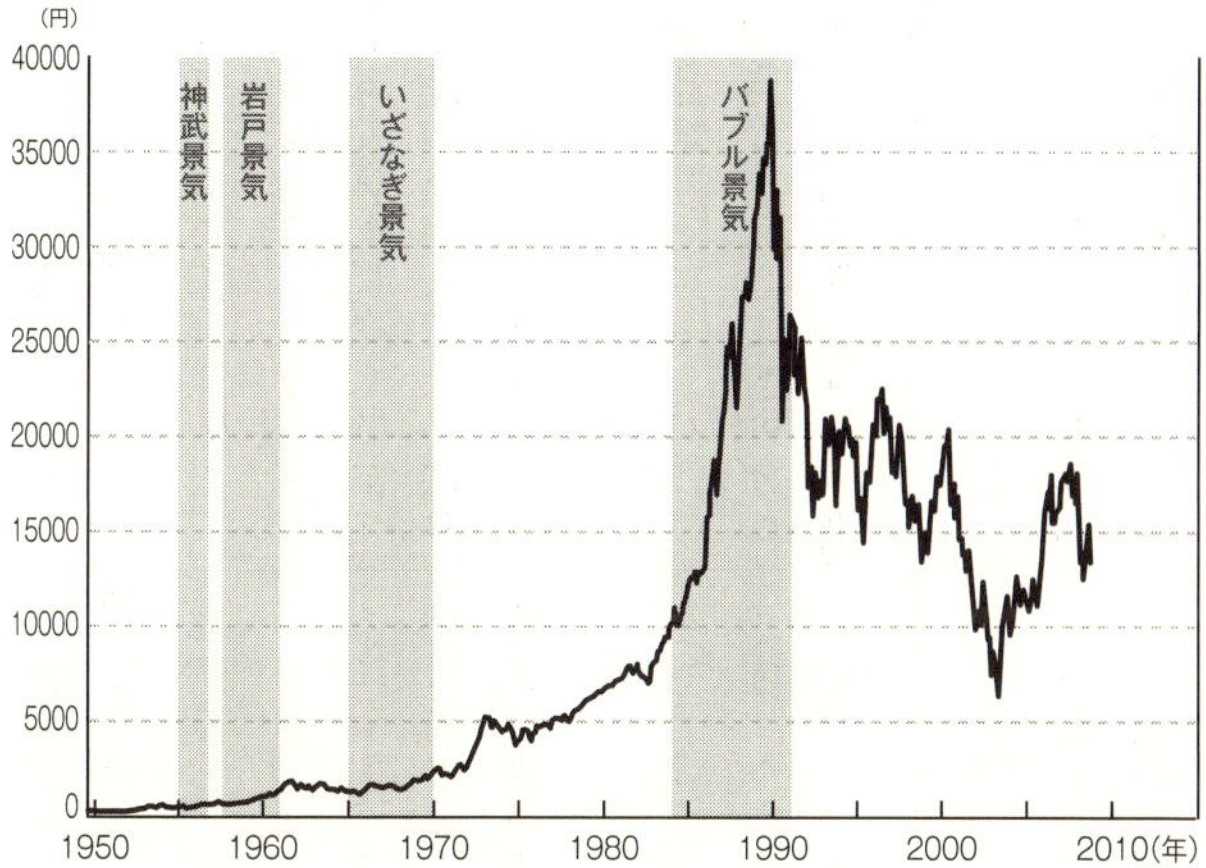

株式投資では、配当のキャッシュフロー（現金収入）を重視するやり方もあります。比較的安定して配当をしている企業も少なくありません。配当のキャッシュフローを目的にする場合には、配当（および業績）が安定している企業の株を、その株が比較的下げているときに買うという投資戦略もあります（ただし言うまでもないことですが、配当の将来の保証、および、元金の保証はありませんから、将来も元金を崩す予定の少ない資金での投資に向いています）。

長期的に保有する

世界有数の資産家であるウォーレン・バフェットは投資の世界で巨額の資産を築き

上げましたが、彼はコカ・コーラ株などを「永久投資銘柄」と決めて投資しています。デイ・トレーダーのように短期売買を繰り返すのも一つの投資方法かもしれませんが、トレーディングを職業としているのならともかく、一般のビジネスマンでは時間的にも無理ですし精神的にも大変な重圧がかかります。

私は東京銀行時代に株式ではなく為替のディーリングを経験しましたが、短期売買はよっぽど運の良い人でない限り、儲け続けることができないどころか、トータルで勝つことも難しいというのが実感です。株式でも外為取引でも短期投資は、ある意味、ばくちだからです。

投資信託などでプロのファンドマネージャーがTOPIXにさえ勝てないのも、長期投資ができないことで説明がつきます。サラリーマンであるファンドマネージャーは、長くて1年、通常は四半期や半期ごとのパフォーマンスが評価され、ボーナスが決まります。成績次第では職を失うこともありますから、どうしても短期で値動きの激しい銘柄を狙いがちになり、それで負けてしまうのです。

バフェットなどの長期運用の投資家が勝てるのは、相場の地合いが悪くなると短期狙いの投資家が一斉に売って実力以下に値が下がるので、その下値を拾い、また値上がり局面では、今度は短期狙いの投資家が一斉に買い上げて実力以上に値がついたところで売り抜けるおかげといえないこともありません。

もちろん私たちはバフェットのように上手な運用はできませんから（できれば世界有数の資産家になっています）、サブプライム問題が起こったときのように、大きく下げそうなときは、いったん「手じまい」することも考えなければなりませんが、長期で優良銘柄を保有するというのが、株式投資において資産を増やす鉄則です（そのためにも、余裕のあるお金（＝「攻めるお金」）で株式投資をするのが大原則です）。

テクニック12

このような長期投資に関して参考になるのが、なんといってもウォーレン・バフェットの投資方針です。前にも引用した『バフェットの教訓』（メアリー・バフェット他著、徳間書店）は大変参考になる本です。また、第9章で推薦した『10年先を読む長期投資』（澤上篤人著、朝日新書）も同様の内容で参考になる良い本です。

自分が気に入った優良企業の株を買う

私事で恐縮ですが、東京銀行に就職した1981年に従業員持ち株会に入りました。上場企業やそれ以外の企業でも、従業員持ち株会の制度があるところは多いと思います。手続きの関係で財形貯蓄の申し込みができず、従業員持ち株会に限度いっぱいの給与の10%を毎月支払って東京銀行株を買っていました。当時は1株200円程度でしたから、少ない給与でも賞与も含めれば年間1000株程度は買えたと思います。

入行4年目の留学時にお金が必要になったので2000株売却しましたが、その後も91年の退職時まで株を買い続けました。その後、2社で会社勤めをして独立しましたが、その間、カンボジアPKOに選挙監視員として参加したり、そのほかお金が必要なこともあったりして、最後は独立する資金の一部に持ち株会で買っていた株式の売却資金を充てました。もはや正確な記録は残っていませんが、従業員持ち株会に投資した数倍のお金が得られたと思います。今、こうやってなんとかやっていけているのも、ひとつは東京銀行株のおかげであることは間違いありません。

少し、自分の話が長くなりましたが、言いたいことは、よく内容が分かっている会社に投資することが大事だということです。それも、財務内容がよく、業績が安定している会社です。将来的に安定した収益（＝キャッシュフロー）が見込める会社です（財務内容、業績の見方は後で説明します）。

ただ、儲かりそうだからという理由で、中身のよく分からない会社に投資するのは、大けがのもとです。私がパートナーとして参加している投資ファンド（キャス・キャピタル）でも、財務内容はもちろんですが事業として4人のパートナー全員がよく中身が分かっている会社にしか投資しません。たとえ儲かりそうでも、理解できない会社はパスです。よく分かった事業内容の会社に、長期的に投資することが結果的に儲かることを私たちはよく知っています。

私たちのファンドは、いわゆる「プライベート・エクイティ・ファンド」と呼ばれるものです。私たちの投資方針は、今述べた4人のパートナーが事業内容を十分に分かったもの（＝その会社を好きになった）に投資すること以外に、原則過半数の株式を持ち経営権を取得する、1、2年のような短期投資ではなく5年程度は株式を保有して経営に関与する、敵対的買収は一切しない、ことを前提にしています。現在までに4社に対して投資を行ないましたが、私たちの投資方針は一般の方の株式投資にも参考になると思います（キャス・キャピタルの概要については、同社のホームページをご覧ください)。

テクニック13

数社でいいので、自分が好きな会社の株価を毎日、新聞などでチェックしてください。長期間見ていると、結構波があるのが分かります。株式市場全体の相場が下げたときに、自分の好きな会社の株価が低値のレンジ(範囲)に入ったと思ったら買うというのが手です。しかし、あくまでも余裕資金(=「攻めるお金」)で、です。

株価の割安割高が分かる「EBITDA」

多くの人は「株式が安いときに買う」というのを、これまでの経験やトレンドから安い状態で買うことだと理解しています。こうした際に、投資ファンドの株式の買い方が参考になります。過去の株価ももちろん参考になりますが、主に参考にするのは「EBITDA」の倍率です。

EBITDAというのは「Earnings before Interest, Tax, Depreciation, Amortization(金利、税、減価償却前利益)」の略で、簡単に言えば「営業利益に減価償却費を足し戻したもの」です。そして何を見るのかというと、「株式の時価総額（株価×株式数）」に「ネット負債（有利子負債－現預金）」を足したものがＥＢＩＴＤＡの何倍になるかという数字です。

少しややこしいですね。式で表すと、こうです。

株式の時価総額　＋　ネット負債　＝　ＥＢＩＴＤＡ　×　χ倍

目安としては、この倍率が5倍程度なら十分、その会社の株を買えます。7倍なら「何とかなるかもしれない」というレベルです。それ以上なら「高い」と言えます。買っても、それより価値を上げるのは難しいかもしれません。

1株の値段は、この式を変形して、

ＥＢＩＴＤＡ　×　χ倍　－　ネット負債　＝　時価総額

ですから、それを株式数で割ると買おうとする株価が算定できます。

このＥＢＩＴＤＡは、いわば買おうとしている会社が生み出すキャッシュフローで、割安かどうかを判断するものです。トレンドや罫線などはいっさい関係ありません。

言い方を換えれば、これは経営価値です。ファンド、特にキャス・キャピタルのようなバイアウトファンドは、実際に経営権を取得し、企業価値を高めて売却しますから、その経営を行なって上げられる価値を計算するわけです。

皆さんも株式を購入する際には、実際に企業が持っている価値（＝生み出すキャッシュフロー）を重視するべきです。株価の過去の推移などは根源的価値とは関係ありません。根源的価値の高い会社の株を、安いときに仕入れて、（自然と）高くなるのを待って売るのが本筋です。

財務分析の基礎的な指標

といっても、皆さんの場合は会社を買収して経営するということは難しいでしょうから、内容がよく分かっている好きな会社の経営を応援するというスタンスを取るのがよいと思います。その際には下値リスクを抑えるという意味で、財務内容の良い会社を選ぶのがよいでしょう。

いわゆる「財務安定性」ですが、私は貸借対照表上の安定性と、損益計算書上の収益（キャッシュフロー）の安定性を重視しています。

簡単に説明しますと、まず貸借対照表では「自己資本比率（＝純資産÷資産）」が重要です。資産を賄っている資金のうち、返済する必要のない純資産の比率がどれくらいあるかを表したものです。業種にもよりますが、20％以下なら株式購入は避けたほうが無難です（電力、電鉄などを除きます）。20％を割り込んでいる企業は、中長期的な財務安定性が高いとはいえないからです。

短期的安定性なら、「流動比率（＝流動資産÷流動負債）」を見ます。1年以内に返さなければならない負債を、すぐに現金化できる資産で賄えているかを表す指標で、業種によって大きなばらつきはありますが、一般的にはこの指標が100％以上は必要です（くどいようですが、業種によりかなり違います）。

ここまでは、会社がつぶれないかどうかのチェックです。つぶれたら元も子もありません。株価はゼロになります。

さらに毎年、利益が安定して出ているか、利益が伸びているかどうかをその会社の損益計算書（各企業のホームページなどで簡単に調べられます）や「会社四季報」（東洋経済新報社）でチェックします。長期的に株価が上がるかどうかは、その企業の収益性や将来性にかかっているからです。

キャッシュフロー計算書を読める人なら、営業キャッシュフローが安定的にプラスかどうかもチェックしておくとよりよいでしょう。営業キャッシュフローが高い会社は、本業が強い会社といえるからです。

これくらいをチェックしておくと、最低限の安定性や収益性のチェックはできます。皆さんも株式に投資しようとするなら、これらの指標が計算できるぐらいの知識を身につけるようにしてください。証券会社が送ってくるチャートなどを見ただけで、上がりそうだなどといって投資すると大失敗をすることになりかねません。

テクニック14

財務諸表の読み方はそれほど難しくはありません。ご興味があれば、拙著『「1秒！」で財務諸表を読む方法』（東洋経済新報社）などを参照下さい。

PER、PBRなどもチェックする

株式独特の指標もあります。株価が割安かどうかを見る指標です。

一つはPER（株価収益率、Price Earnings Ratio：株価÷1株当たり純利益）です。株価が1株当たりの純利益の何倍かを表す指標で、上場企業の平均は現在では15倍程度です。新興企業や伸び盛りの企業では、40倍など高くなる傾向があります。全体の平均値や個別銘柄のPERは新聞の週末版などに出ていますが、これも個別会社によって傾向がありま す。長期的に特定の会社のPERを見続けていると、その癖が分かるようになります。また同業者の中でも、相対的に低い会社と高い会社があります。PERの低い銘柄は、人気が低いともいえますが、株価の下落リスクが小さい（下がらないという意味ではありません）という点では、評価できます。

もう一つはPBR（株価純資産倍率、Price Book-value Ratio：株価÷1株当たり純資産）です。純資産は負債を除いた企業の実質的な帳簿上の価値といえますが、その1株当たりの純資産に対して株価が何倍であるかを表したものです。意外と1倍以下のものもありま す。株価は、人気投票のような側面がありますから、人気が離れた銘柄では、PBRが1

株式投資で押さえておきたい指標

EBITDA（金利、税、減価償却前利益） **株式の時価総額 ＋ ネット負債＝ EBITDA × x倍**
x＝5なら十分、x＝7なら「何とかなるかも」、 x＞7なら「高い」

自己資本比率 ＝ 純資産 ÷ 総資産
20％以下なら避けた方が無難（業種にもよる）
流動比率 ＝ 流動資産 ÷ 流動負債
100％以上は必要（業種にもよる）

PER（株価収益率）＝株価 ÷ 1株当たり純利益
PBR（株価純資産倍率）＝株価 ÷ 1株当たり純資産

倍以下になる場合もあります。PBRが1倍以下ということは、株価が純資産の価値を割っており、人気薄という半面、簿価上の価値（＝純資産）よりも安く買えるわけですから、大きく株価が下がる可能性が少ない（先ほどと同じく、絶対に下がらないと言っているわけではありません）と言えます。

PERとPBR以外にもさまざまな指標がありますが、まずはこの二つが重要です。さらに、株式市場独自の指標もありますから、こちらも本や投資雑誌などで少し勉強してから投資を始めたほうがよいでしょう。さらに、日経新聞などの株式欄の解説記事などを毎日丁寧に読んでいると、相場のトレンドや株式市場の雰囲気に慣れることもできます。

ただ、一般のビジネスマンの方は、相場にあまりのめり込まないようにしてください。相場は「麻薬」みたいなもので、のめり込み過ぎると破滅してしまうことにもなりかねません。くれぐれも気をつけてください。そのためにも長期投資が前提です。

テクニック15

皆さんが選んだ好きな会社の株式のPERやPBR、さらには配当利回りなどを週末の新聞などで継続的にチェックしてください。トレンドが分かるようになります。

「株価と金利」「株価と為替」の関係

金利と株価、為替レートと株価の関係にも少し触れておきましょう。

一般的に、金利が上昇すると株価は下落します。理由は、金利（実質金利）が上昇すると、投資資金は固定金利商品にシフトする傾向があるからです。もうお分かりだと思いますが、安全確実に運用できる金融商品のほうの利回りが上がれば、誰でもリスクがある商品からそちらのほうへ資金を移動したくなりますよね。

つまり、元本変動リスクのある株式の配当利回りが、安全確実な預金や国債の利回りを下回れば、株式投資をしている投資家は安全資産にシフトする傾向が強くなるのです。

しかし、金利上昇の背景には経済の動きが絡んでいます。実体経済が強くてインフレ懸念が出ているがゆえに金利が上昇傾向にあるのなら、それは企業業績も上昇しやすい環境ですから、その場合には金利上昇にかかわらず株価も上昇トレンドに乗ることもあります。

一方、158ページでも触れたように、現在懸念されているような景気後退期のインフレ、いわゆる「スタグフレーション」が起こりそうな状態で金利が上昇すると、企業業績が悪化する中での金利上昇となります。となると、一気に株式市場から資金が安全資産の預金や国債にシフトする事態も起こりかねず、株価が下落することになります。

また、為替に関しては、一般的に円高は株価下落をもたらします。第1章で取り上げた貿易黒字のところを思い出してください。日本は毎年、10兆円くらいの貿易黒字国です。円高は、輸出の減少を通じて日本全体の景気を悪化させます。このことによって企業業績も悪化します。したがって現在の日本の貿易構造では、円高は日本経済の悪化、ひいては企業業績の悪化をもたらし、株価全体も押し下げるという構図になります。

また個別銘柄では輸出関連企業の業績も悪化します。トヨタは1円の円高で約350億円の利益が減少するといわれています。一方、燃料や原材料などの輸入の多い業種では、円高は収益向上につながります。

不確実性の増加が株価を押し下げる

不確実性の増加も、株価を下げることが少なくありません。昨年来のサブプライム問題の発生時のような金融パニックのときには過去の経験則が通用せず、リスクが読めなくなって不確実性が増大します。

このような状況では、投資家、特に機関投資家は、株式のようなリスク資産から一斉に国債などの安全資産に逃避します。ですから、株価が下落して国債価格が上昇（＝利回りは低下）することになります。２００８年の春先以降、サブプライム問題の影響が薄らぐにつれて、資金は国債から再度株式市場に流入し、今度は逆に株価が上昇して国債価格は下落（＝利回りは上昇）ということになりました。

サブプライム問題では当初はニューヨークダウよりも日経平均の下落率が大きかったことが指摘されていますが、これは、おひざ元の米国でもシティグループなど金融株が大量に売り込まれる一方で、その他の企業の業績は比較的安定していると見られたからです。

一方、日本株が売られた背景には、ブルドックソース株やJパワー（電源開発）株に見るような株式市場の特殊性や日本経済の「ファンダメンタルズ」（経済の基礎的諸条件）に対する不安などさまざまな要因がクローズアップされたためだと考えられます。

今、「ファンダメンタルズ」という言葉を使いましたが、これは経済の基礎体力的なもので、経済成長力とでも考えればよいと思います。少子高齢化、先進国の中で対GDP比最大の財政赤字など、経済成長を支える基礎的な要因のことを指し、これは長期的に日本経済に影響を及ぼし、同時に長期的な株価や円レートに影響を与え続けます。

テクニック16

ここで挙げた日本経済の「ファンダメンタルズ」に影響を与えることがらについても、新聞やテレビのニュースでチェックしておくようにしましょう。経済の「力」が長期的にどのようになっていくのかが分かるようになります。

インサイダー取引にはくれぐれも注意が必要

最後に、「インサイダー取引」について簡単に説明しておきます。「そんなの自分には関係ない」と思われる方も多いと思いますが、証券取引等監視委員会（SESC）ではインサイダー取引を「非常に」厳しくチェックしています。

まず上場企業にお勤めの方は、自社株の売買についての社内ルールを必ず確認しておいてください。ご家族が皆さんの知らない間に自社株を売買していても、インサイダー取引として告発されることがあります。

先に述べたように私は上場企業3社の社外役員をしていますが、SESCに私の家族のみならず、同居していない2親等以内の親族の名前を全員報告しています。彼らが私が役員をしている会社の株式を売買すると、SESCのコンピューターには自動的にアラームが出るということになります。

自社でなくても、取引先企業などの、何らかの情報を得られる上場企業の株式を売買する場合も要注意です。その場合、公開情報以外の情報を入手して売買していたら儲からなくともアウトです。取引先のだれかから、それとなく言われた情報で売買しても法令違反となる可能性があります。捕まったら一生が台無しです。たとえ1株でもダメです。

株式を売買するなら、直接取引のない会社の株を対象にしてください。あるいは投資信託を買うほうが無難であることも少なくありません（ただし、投信では好きな銘柄は買えません）。

株式投資をする際の初歩を解説しましたが、くれぐれも原則を忘れないでください。もう一度書いておきますね。株式で長期的に資産を殖やすなら、**①余裕のある資金**（＝「**攻めるお金**」）**で、②長期保有を前提として、③自分が気に入った優良企業の株を、④市場全体の地合いが押して**（下げて）**根源的価値以下になったときに買うのが鉄則です。**

この章のポイント

・「攻めるお金」で一番いいのは株式投資。本当にお金を殖やしたい人は個別銘柄投資をめざそう。
・自分が好きで財務内容の良い会社の株式を長期保有する（短期売買はプロでも損をする確率が高い）。
・株価の割安割高を知りたければ、EBITDA（金利、税、減価償却前利益）を計算しよう。
・基礎的な財務指標は必ずチェックする。PER、PBRにも目配りを。

エピローグ　「低金利」が日本をダメにする

「貯蓄から投資へ」は本当に重要か？

「貯蓄から投資へ」を主張する方の中には二つの意見があります。

一つは日本では個人金融資産の半分以上を占める預貯金だけでは、国民の金融資産に偏りがある上に十分にそれを殖やせない、という意見です。これについては第一部で、私なりの意見を述べました。

もう一つは、貯蓄だけだと企業に直接お金が回らず、企業を活性化するためにも投資、特に株式を国民はもっと購入するべきだという主張です。これは「銀行は間接金融、株式や社債は直接金融」であることをベースにしていますが、大きな誤解があります。

それは、もし皆さんが証券会社で株式を買っても企業には1円もお金は入らないからです。なぜだか、分かりますか？

例えば、皆さんがトヨタ自動車の株式を100株、証券会社経由で買ったとします。1株5000円だとすれば50万円です。その50万円はどこに行くのでしょうか？　そうです。その株を売った人の所に行きます。ですからトヨタには1円も入りません。

株式の取引には「プライマリーマーケット（一次市場＝発行市場）」と「セカンダリーマ

ーケット（二次市場＝流通市場）」があり、ふつう証券会社を通じて株式を売買するのはセカンダリーマーケットだからです。流通市場ではAさんが所有する発行済みの株式がBさんに売られ、その代わりにBさんがAさんに対価を支払うという行為が証券会社の仲介で行なわれるだけです。

いくらセカンダリーマーケットで株式が流通しても、お金は企業には入りません。投資信託が買っているのもほとんどはセカンダリーマーケットです。しかも、セカンダリーマーケットは上場企業に限られます。

もちろん、セカンダリーマーケットでの取引が活発になれば、プライマリーマーケット（発行市場）も活性化しやすいといえますが、皆さんの中で「新株」を買ったことがあるという方はどれだけいらっしゃるでしょうか。現実は、セカンダリーマーケットが活性化しても、株主の発言権が増す中で、企業は株主還元として「自社株の買入れ消却」を以前にもまして行なうようになり、新株の発行を行なうところは減っています。

ましてや上場していない中小企業の株式、それも新株を買うなどということは、ほとんどの人にはめったにないことでしょう。「貯蓄から投資へ」が進んだところで、企業にお金が行くということは、まず考えられないのです。

企業金融の要を担っているもの

私は銀行の肩を持っているわけではありません。ただ、経営コンサルタント、それも中堅中小企業を多く見てきて、そのファイナンスの大半を担っているのは銀行だということを肌で感じているのです。

三菱ＵＦＪフィナンシャルグループの貸借対照表（２００８年3月期）の「資産の部」を見ると、総資産約１９３兆円のうち最大のものは貸出金の約88兆円です。それ以外にも有価証券が41兆円あり、これには国債や上場企業の株式、社債などとともに、中堅中小企業などが発行する社債も含まれています。

三菱ＵＦＪに限らず、実質的に日本では、企業のファイナンスのかなりの部分、特に中小企業ではその大半を銀行が担っています。

もちろん私は、今の日本の銀行や銀行システムが完全であると言っているのではありません。むしろ収益率やリスク管理の観点では、完全からほど遠いのが現状だと思っています。しかし、「貯蓄から投資へ」が国策のように叫ばれ、貯蓄が減少し、その資金が株式のセカンダリーマーケットに大量に流れ込んだとしても、企業ファイナンス、特に上場企業以外のファイナンスが活性化することはまずないのです。
いずれにしても「貯蓄から投資へ」を推進したい人が多くいるようですが、マクロ経済的に大きな疑問を持っているのは私だけでしょうか?

低金利政策がダメな理由

もう一つ、現在の日本の低金利状態についても私は憂えています。日本経済がバブル崩壊と、それに続く金融危機を切り抜けるのに「ゼロ金利」や「量的緩和」が必要だったことは認めますが、その危機を脱した現在、このような低金利を続けることに反対なのです。「サブプライム」の問題がなければ1%程度には短期金利は戻っていたと思いますが、「サブプライム」が落ち着いたら日銀はできる限り早く金利を数%程度にまで引き上げるべきだと、次のような理由からそう思います。

一つは高齢者のためです。日本の高齢者世帯は平均で二千数百万円の金融資産がありますが、預金金利が2%になれば年間40万円強の金利収入を得られます。これは、夫婦2人で暮らす標準的な厚生年金月額(約23万円)の2カ月分弱にあたります。高齢者世帯、それもある程度の余裕のある世帯は消費性向が高く旅行などにお金を使いますから、低迷している個人消費を刺激して景気にプラスの効果をもたらします。

また、金利の上昇は、年金運用利回りの上昇を通じて年金財政の健全化につながります。年金財政が健全化すれば、少子高齢化でより負担が増える私たちの子供たちの負担を、少しでも減らすことができます。

さらに金利の上昇は、ダメ企業の淘汰を進めることとなります。ゼロ金利の恩恵を享受したのは、いうまでもなく銀行と借入れの多い企業です。金利が上昇すれば、本来ならもっと以前に淘汰されていた企業がようやく淘汰され、その資源(人、モノ、カネ)がより効率の良い企業に移ることで日本経済の活性化が早まります。

そして何よりも大切なことですが、私は金利の上昇は日本人の美徳を守ることにつながると考えているのです。

金利上昇が日本人の美徳を守る

金利上昇と日本人の美徳とどういう関係があるのかと思う読者も多いでしょうが、こういうことです。

「コツコツ働いて、コツコツ貯める」——私は、これが日本人の美徳の一つだと思っています（あくまで私の考えです）。少なくとも、「コツコツ働く」ということに私は美徳を見出します。しかし、コツコツ働いて、せっかく貯めたお金も、この低金利では十分にその資産を大きくすることはできません。

そういう状況が続くと、どうしても高利回り商品を求める傾向が強くなります。「預金より投資」という動きが加速するのです。しかし、投資商品にはリスクが付きものです。もちろん儲かることもあるでしょうが、株価の乱高下などで大損失を被ることもあり得ます。なけなしの資金で損をすると、取り返しのつかないことになってしまいます。

さらに「投資のほうが好ましい」という風潮は、若い人にも「ばくち」的な感覚を持たせるようになります。私は投資をすべて否定しているのではありません。「ばくち」も必要な場合があるかもしれませんが、安定性をすべてなげうってまでバブルの頃のように熱狂をし、「一億総投資家」になってしまう風潮も考えものだと思うのです。

しかし、この低金利では、利回りの高い商品に少々のリスクがあっても投資したい気持ちになるのも無理はないとも言えます。ですから私としては、せめてあと1％でも金利が上昇することを、「古くさい」と言われることを承知で、日本人の美徳という観点からも望んでいるのです。

まだまだ言い足りないことはたくさんありますが、このへんで筆を置きます。角淳一さんはじめ多くの方々に、少しでも金融のことを理解していただける手助けができたとすれば、これ以上の幸せはありません。

最後に、本書作成にあたり、最後まで私に貴重なアドバイスを与え続けてくれた朝日新聞出版の首藤由之氏に心よりお礼を申し上げます。本書がここまで仕上がったのは彼のおかげです。

小宮一慶　こみや・かずよし
経営コンサルタント、明治大学大学院会計専門職研究科特任教授。1957年、大阪府生まれ。81年に京都大学法学部を卒業し、東京銀行(現・三菱東京ＵＦＪ銀行)に入行。米国ダートマス大学経営大学院に留学、ＭＢＡ取得。岡本アソシエイツなどを経て96年に小宮コンサルタンツを設立。『「１秒！」で財務諸表を読む方法』など著書多数。

朝日新書
126

お金《かね》を知《し》る技術《ぎじゅつ》 殖《ふ》やす技術《ぎじゅつ》

「貯蓄から投資」にだまされるな

2008年 8 月30日 第 1 刷発行
2008年 9 月25日 第 4 刷発行

著者　小宮一慶

発行者　岩田一平
カバーデザイン　アンスガー・フォルマー　田嶋佳子
印刷所　凸版印刷株式会社
発行所　朝日新聞出版
〒104-8011　東京都中央区築地 5-3-2
電話　03-5540-7772 (編集)
　　　03-5540-7793 (販売)

ISBN 978-4-02-273226-2
定価はカバーに表示してあります。

落丁・乱丁の場合は弊社業務部(電話03-5540-7800)へご連絡ください。
送料弊社負担にてお取り替えいたします。

朝日新書

東京裁判の教訓

保阪正康

「デス・バイ・ハンギング」——。東京裁判（極東国際軍事裁判）でA級戦犯七名に絞首刑判決が下ってから六〇年。昭和史研究の第一人者が新史料を得て、その歴史的意義と次世代の責務を問いなおす。好評『昭和史の教訓』（朝日新書）に続く注目作。

宮崎アニメは、なぜ当たる
スピルバーグを超えた理由

斉藤守彦

『崖の上のポニョ』と『インディ・ジョーンズ／クリスタル・スカルの王国』をひっさげて、日米の大物監督がしのぎを削る。かつて六回あった直接対決の興行面に注目し、宮崎アニメが牽引してきた日本映画界をひもとく。今年の夏は映画が熱い！

ルポ　児童虐待

朝日新聞　大阪本社編集局

なぜ、虐待は起こるのか。虐待を防止し、傷ついた子どもを救う手立ては何か。一週間に一人の割合で子どもが虐待死する現代。虐待は、どの家庭でも起こりうる問題として認識し、理解すべきである。朝日新聞大阪本社編集局発の渾身のルポ！

男読み　源氏物語

高木和子

『源氏物語』は極上のミステリーである。人脈と情報戦で政治力を駆使し、手紙と和歌と巧みな会話で人の心をつかみ、恨まれずに別れる。人生の達人・光源氏を通して描かれる、隠された真実とは。驚きの深読みが堪能できる、大人のための入門書。

英単語500でわかる現代アメリカ

尾崎哲夫

みんなアメリカを実は知らない。オバマからインテリジェント・デザインまで、単語集や熟語集ではなかなか学べない生きたアメリカ英語の単語を、ストーリーに沿って読むだけで覚えられる新感覚の英単語集。英語を勉強中の学生、サラリーマンに！

朝日新書

帝国のシルクロード
新しい世界史のために
山内昌之

イスラム史の碩学でありエッセイストとしても著名な著者が、シルクロード上に登場した帝国の治乱興亡の渦中で翻弄された人びとを描く珠玉のエッセイ集。古代から現代まで二〇〇〇年以上の時間と東西七〇〇〇キロの距離を自在に行き来する。

お金を知る技術 殖やす技術
「貯蓄から投資」にだまされるな
小宮一慶

なぜお金が貯まらないのか。金融の仕組みを理解せず、人生とお金の関係も整理しないまま金融商品を買っているからだ。預金、株、投信……。トップコンサルタントが正しい金融商品の選び方を一から指南。金融リテラシーの基本がわかる決定版!

子規365日
夏井いつき

近代を代表する俳人である正岡子規の俳句を、一日一句、三六五句、厳選して紹介、解説する。愛媛在住の俳人・夏井いつきの読み解きには実作者ならではの斬新な視点がある。どこからでも読め、読み通せば子規の人となりが浮かび上がってくる。

怖い腹痛
内視鏡でみる日本人の胃と腸
神保勝一

おなかが痛いと想像の翼はどんどん悪い方へと広がる。単なる食中毒も心配はがんにまで飛んでいく。東京下町に消化器内科を開業して三五年、内視鏡専門家として五万例の実績を持つ著者が、「腹痛」はどんな病気のサインなのかをわかりやすく解説。

自衛隊が愛される条件
小池政行

「日米同盟関係」のもと、わが自衛隊は大きく変わろうとしている。PKO五原則や集団的自衛権の不行使などの自己規制はどうなるのか⁉ 戦争と外交の実態と将来を元外交官の著者が分析し、平和への新たな視点「人間の安全保障」を提議する。